Provechoso

Recetas de muchas partes del mundo con sabor venezolano

Arlene Sánchez

© Arlene Sánchez 2020
Edición y corrección: Carolina González Arias
Diseño: Andrés Palmero
Fotografía: Omar Porras

ISBN: 978-1-09837-055-8

Queda prohibida la reproducción total o parcial de este libro por cualquier medio o procedimiento, ya sea electrónico o mecánico, el tratamiento informático, el alquiler o cualquier otra forma de cesión sin la autorización previa y por escrito el titular del derecho de autor arlenesanchez1937@gmail.com

Dedicatoria

A la memoria de mis hermanas
Trina Sánchez y América de Cárdenas y
a mi hermano del alma Simón Cárdenas
González.

A los míos, los tuyos y los nuestros.
Ellos son y han sido mis compañeros
en diferentes etapas de mi vida, mis
hijos: Alfredo Levanti, Anabel
Levanti, Arsenio Levanti,
Aurora Contreras (Butty), Charles Contreras,
Emma Contreras, María Elena Contreras (Manena),
Daniel Contreras y a la memoria de
Miguel Ángel Contreras (Mike).

Introducción

Hoy, después de tantos años, debo admitir la gran satisfacción que siento al traer a mi memoria cada una de mis recetas de cocina y plasmarlas en este libro. Son recetas que practiqué con gran esmero durante años. Muchas veces llegué a prepararlas atropelladamente, por falta de tiempo, y confieso que en algunos momentos me tuve que llenar de paciencia para ofrecerlas como parte de la comida del día a día. Hoy siento el placer de haber logrado la tan agradable tarea de presentar Provechoso, más de 190 recetas de diferentes partes del mundo con mi toque personal o, mejor dicho, con sabor venezolano.

La redacción de estas recetas no fue tarea fácil, ya que nunca había escrito nada sobre cocina. Para escribirlas usé solo mi memoria, lo cual hizo que los recuerdos afloraran e irrumpieran en mí, para fortalecer mis conocimientos culinarios. Desarrollé mi pasión por la cocina por la necesidad de elaborar el menú diario para mi numerosa familia, para agasajar invitados y para esas pequeñas fiestas que realizábamos al celebrar algún acontecimiento.

Siempre preparé mis comidas con amor para familiares y amigos. Mis niños conformaban una especie de equipo al que tenía que atender y satisfacer su apetito, por lo que aprendí a complacerlos con platos fáciles, rápidos y provechosos. Puse mucho empeño en disfrutar la preparación de las comidas ya que pensaba que así quedarían más deliciosas. Espero que los sabores y condimentos de esos platillos que preparé durante su infancia sean ahora motivo de añoranza.

Este libro es el resultado del aprendizaje culinario legado por mis ancestros, que a veces modifiqué a mi antojo, y que hoy con orgullo ofrezco a las próximas generaciones.

Agradecimiento

Debo admitir que para la realización y organización de este libro he recibido la ayuda y colaboración de personas muy cercanas a mí. Gracias a ellas, lo que era solo un proyecto se convirtió en una realidad: mi libro de recetas de cocina. Deseo que todos por igual reciban mi mayor agradecimiento. Primeramente, a mi nieto David Lyon Levanti, por la motivación y entusiasmo que me transmitía al pedirme que hurgara en mis recuerdos y escribiera las recetas que yo solía cocinar en casa. Él recordaba con nostalgia esos momentos y quería mantenerlos en el tiempo. A David también le debo el título de mi libro: Provechoso, este fue su inspiración.

A Omar Porras, mi yerno, y a mi hija Manena Contreras, por su colaboración en muchas etapas del libro. Ellos me brindaron generosamente su preciado tiempo, y me ayudaron con muchas ideas. También me apoyaron para realizar las fotografías de las recetas que complementan este libro, y que de una forma deliciosa honran mis platillos. A Omar y a Manena les agradezco infinitamente la culminación del libro.

A Natty Romera, la queridísima, quien, como gran profesional que es, se ofreció con generosidad y prestó su valiosa ayuda para hacerse cargo de la producción final del libro y todo lo que conllevó esta difícil tarea. A su esposo, Fidel Sciortino, por sus consejos y el interés que siempre prestó a mi proyecto.

A mi nieta, Natalia Rísquez Krause, por el regalo que de forma espontánea puso en mis manos, esta laptop con la que cómodamente pude escribir, una a una, mis recetas.

Al amigo periodista Alfredo Linares Gabaldón, quien constantemente me motivaba a seguir adelante con la escritura de mi libro, animándome con ideas y propuestas que me ayudaron a mantener cierto dinamismo durante todo el proceso.

Para concluir, quiero expresar mi más profundo agradecimiento a quien, por casi cuarenta años, fue mi mano derecha en la cocina: Vilda de Toyo. Ella fue mi fiel compañera y amiga durante ese arduo trabajo culinario que realizamos juntas. Siempre recordaré esos días como largos, pero también como muy placenteros. Gracias, Vilda, en mi nombre, y en nombre de todos mis hijos, a quienes siempre trataste como tuyos, dentro y fuera de la cocina.

Origen de la comida venezolana

En realidad, no he tenido formación académica acerca del origen de la comida venezolana. Sin embargo, tengo ciertos recuerdos, lecturas y apreciaciones al respecto, y me gustaría compartirlos con quienes, quizás, no están muy familiarizados con nuestra cocina.

La comida venezolana en general podría ser considerada como comida casera. Es bastante sencilla y utiliza condimentos que son muy típicos y muy nuestros.

Desde la conquista, y luego de la colonización, el maíz ha sido el rey de nuestra alimentación, seguido por algunos cereales y tubérculos. De allí que las arepas, las caraotas (frijoles negros) y el casabe sean considerados la base de nuestra cocina y se consuman casi a diario. Personalmente, pienso que el maíz y el casabe representan muy bien nuestra cultura. Por eso me gustaría basar mis comentarios principalmente en ellos.

Empezaré por el casabe. Este se lo debemos a nuestros indígenas. En su preparación se utiliza la yuca amarga, la cual se ralla y se pasa por un colador hasta eliminar todo su líquido. Con la pasta de la yuca se hace una pelota grande y se coloca en un budare hecho de arcilla (barro), curado con grasa de ganado. Esta pelota se aplasta con las manos hasta lograr un círculo grande, de fino espesor. Generalmente, se coloca el budare suspendido sobre piedra y leña. Una vez listo queda bien tostado y crujiente. La torta de casabe, como comúnmente se le llama, nos encanta con sopas, y no falta en las parrillas. Actualmente, no es común preparar el casabe en casa. Se suele comprar listo en supermercados, pero aun así su fabricación sigue siendo muy artesanal. También aprovechamos de comprarlo cuando se hacen viajes por carretera a la zona oriental. El casabe de allá es muy sabroso.

En cuanto al maíz, su historia es muy larga, así como la lista de las recetas que podemos preparar con él, pero vale la pena compartir algunos hechos relevantes. Sus orígenes se remontan a los tiempos de la conquista de nuestro país. En ese entonces, la comunidad indígena lo preparaba de una forma rudimentaria. En un pilón, que era gran tronco de árbol tallado con forma de copa alargada, se colocaba el maíz desgranado de sus mazorcas y se golpeaba con un mazo hasta separar sus cáscaras. Luego se llevaba a un manare, el cual se movía fuertemente hacia arriba y hacia abajo, para soplar el maíz y a la vez terminar de separar la cubierta del grano que se iba extrayendo con la mano. Este proceso generalmente se hacía entre dos personas, quienes al ritmo del golpe del mazo cantaban para animarse mutuamente. Cuando el maíz ya estaba pilado y lavado, se colocaba en vasijas de barro con suficiente agua y se cocinaba sobre leña. Después del sancochado, se dejaba enfriar, se eliminaba el agua y se molía en piedras planas para luego empezar a amasar. Con el tiempo, molinos y ollas de aluminio sustituyeron las piedras y las vasijas de barro.

Representaba un trabajo enorme, ya que podía comenzar una tarde y terminar la mañana siguiente. De este gran esfuerzo nacieron nuestras arepas, los bollitos y las hallacas.

La arepa es quizás uno de los alimentos más populares de nuestra cocina. Aún se discute a qué país se le atribuye su autoría: a Venezuela o a Colombia. Pero nuestra hallaca es única, puede tener un parecido en su forma al tamal mexicano o a los pasteles centroamericanos, pero ningún otro país la prepara como nosotros. Esto la hace el perfecto ejemplo de nuestra historia culinaria. Su nombre refleja la interacción entre nuestros indígenas y los conquistadores, ya que su preparación utiliza ingredientes de ambas culturas. Las aceitunas, alcaparras, pasas, pimentones, etc., base de la preparación de los tradicionales pasteles españoles, y cuyos sobrantes se les daban a los indígenas para su alimentación, son ingredientes españoles (de allá). Y nuestro maíz, onoto y hojas de plátano, ingredientes propios de los indígenas, son componentes venezolanos (de acá), formando así su nombre: hallaca. Este plato, cuya receta incluimos en el libro, es un delicioso bollo onotado, relleno de un guiso de carne, combinado con aceitunas, alcaparras, pasas y otros ingredientes, los cuales pueden variar de acuerdo a la región de Venezuela donde se prepare. La hallaca se sirve durante la época navideña, y en su elaboración participa toda la familia, para asegurar que esta tradición pase de generación a generación.

En 1960, un hecho cambió radicalmente nuestra forma de consumir maíz, el lanzamiento al mercado de la harina P.A.N., producto producido por Empresas Polar que se convirtió en nuestro aliado hasta el sol de hoy. Con ella, como lo decía su lema, "se acabó la piladera", y cómodamente y en solo minutos, tenemos una deliciosa masa para hacer arepas, hallacas, empanadas y hallaquitas. Este revolucionario producto cambió por completo la vida de los hogares venezolanos, por ello quise hacerle este pequeño reconocimiento.

Para concluir este breve recuento de la comida venezolana, quiero acotar que la llegada a nuestro país de la migración europea, a partir del año 1945, enriqueció nuestra cultura culinaria. La llegada de la inmigración dio diversidad a nuestra dieta diaria, haciendo que la comida venezolana dejara de ser totalmente típica para convertirse en el cúmulo de muchas influencias.

Sopas y Cremas

Sancocho de gallina cruzado

12 porciones
3 horas y 30 minutos

Ingredientes

1 gallina o 2 pollos
5 litros de agua
1 kg de lagarto con hueso
1½ kg de costillas de res
4 jojotos (maíz tierno)
3 plátanos verdes
2 cucharadas de aceite de oliva
6 dientes de ajo
1 cebolla grande
1 paquete de cebollín
1 ajo porro
6 ajíes dulces
6 ramas de cilantro
3 hojas de apio España o célery
1 cucharada de pimienta
1 cucharadita de comino
1 cucharadita de tomillo
1 cucharadita de paprika
4 papas medianas
1 kg de batatas (camote, *sweet potato*) blancas o amarillas
1½ kg de yuca
½ kg de apio
½ kg de ocumo
1 zanahoria
½ kg de ñame
½ kg de auyama
1 ramita de menta (yerbabuena)
1 pedazo de repollo (no muy grande)
1½ cucharadas de sal
Salsa picante al gusto

Preparación

Lavar la gallina o pollos con limón, quitar la piel y la grasa al máximo. Cortar en presas y reservar. Hervir el agua en una olla grande, y agregar el lagarto y las costillas cortadas. Tapar y cocinar por dos horas y media a baja temperatura. Culminado este tiempo, agregar a la olla los jojotos y plátanos cortados en trozos de 2,5 centímetros, y la gallina o pollo que hemos reservado y volver a tapar.

Para elaborar el sofrito, colocar en una sartén el aceite de oliva, los ajos machacados y las cebollas, la parte blanca del cebollín y el ajo porro, los ajíes (sin semillas), la mitad del cilantro con sus tallos y las hojas de apio España, todo bien picadito. Agregar sal, pimienta, tomillo, comino y paprika, y cocinar por unos quince minutos a fuego bajo. Una vez listo el sofrito, tomar dos tazas del caldo, dejar ambos ingredientes en reposo para que se enfríen y colocarlos en el procesador de alimentos. Agregar esta mezcla a la olla de la sopa y mantenerla tapada a fuego lento. Este paso le dará mucha sustancia y sabor.

Terminado este primer proceso, lavar y pelar las verduras, y cortarlas algo grandes para que no se rompan. Una vez transcurridas las dos horas y media de cocción, o cuando las carnes estén blandas, subir la temperatura y dejar hervir por cinco minutos. Bajar nuevamente la temperatura y agregar todas las verduras, excepto el ñame y la auyama. Tapar la olla y mantener a fuego bajo por una hora. Pasados veinte minutos, o cuando las papas estén blandas, agregar el ñame y la auyama.

Asegurarse de que todas las verduras estén blandas, y colocar por encima las ramas de yerbabuena y el resto del cilantro, atados con un pabilo, además del repollo cortado. Tapar de nuevo y mantener en el fuego por diez minutos más. Apagar y dejar reposar. Sacar y botar las hierbas. Terminado el proceso de cocción, rectificar los sabores y agregar unas gotas de picante al gusto y sal, si hiciera falta.

Servir las carnes y verduras en una bandeja, y el caldo en una bonita sopera, para llevarlos a la mesa. Acompañar con casabe, arepas con queso o tequeños.

Llevar el picante a la mesa.

Consejos útiles
- Para preparar el sancocho para más personas, duplicar los ingredientes. Puede ser un pollo adicional, y algo de verduras como batatas y yucas.
- Se recomienda lavar y secar el plátano verde para que no oscurezca el caldo.
- Este sancocho se preparaba en Venezuela el 1 de enero para seguir el festejo del Año Nuevo, y sacar el ratón de la fiesta de la noche anterior. Por supuesto que la fiesta continuaba.

Nota
Los venezolanos llamamos verdura a los tubérculos y *el ratón* al malestar o resaca ocasionado por consumir licor en exceso.

Chupe de camarones

8 porciones
1 hora y 30 minutos

Ingredientes

2 kg de camarones
4 limones
4 tazas de agua
2 tazas de caldo de pescado o de pollo
2 ramas de menta (yerbabuena)
8 ramas de cilantro con sus tallos
2 ramas de apio España o célery
4 cucharadas de mantequilla
1 cucharada de aceite de oliva
1 cebolla
4 dientes de ajo
3 ajíes dulces
1 cucharadita de tomillo
1 cucharadita de pimienta
1 cucharadita comino
8 papas medianas
3 cucharadas de arroz
1 taza de granos de maíz tierno (jojotos) con su líquido
1 lata de crema de maíz tierno
1 taza de leche de coco
½ taza de crema de leche
1 cucharada de nuez moscada
Salsa picante al gusto
½ taza de vino blanco
1 cucharadita de nuez moscada

Preparación

Lavar los camarones con agua y limón, quitar las cáscaras y eliminar las venas negras. Lavar las cáscaras para hacer un caldo en cuatro tazas de agua. Hervir por diez minutos y agregar dos tazas del caldo de pollo o pescado. Añadir una cucharada de limón, hojas de menta (yerbabuena), apio España y tres ramas de cilantro, atadas con pabilo. Cocinar por quince minutos a fuego moderado y tapado.

Eliminar las hojas. Colar en colador de alambre y luego en colador de tela húmedo. Reservar este consomé y los camarones.

En una sartén, sofreír en mantequilla y aceite los ajos, la cebolla, ajíes picaditos y tres ramas de cilantro con sus tallos todo menudito, tomillo, pimienta y comino, a fuego moderado por veinte minutos tapado. Pasado este tiempo, echar al sofrito dos tazas del caldo, llevar a la procesadora y batir por tres segundos. Echar de inmediato este sofrito a la olla con el caldo que hemos reservado.

Echar las papas picadas, las cucharadas de arroz, todo el contenido de las latas de maíz en grano y de crema, con la nuez moscada, a fuego moderado por unos veinticinco minutos tapado. Revolver con cuchara de madera. Para terminar, agregamos los camarones, leche de coco, gotas de picante al gusto y el vino blanco.

Subir la llama, y esperamos seis minutos para que los camarones adquieran un color rosado, y continuar destapado para dar por terminado el chupe. Revolver con cuchara de madera. Al momento de servir se le agrega la crema de leche. Adornar con hojitas de cilantro.

Ofrecer aguacate picadito y rebanadas de pan tostado con mantequilla.

Chupe de gallina

10 porciones
2 horas y 30 minutos

Ingredientes

1 gallina grande o 2 pollos
1 pechuga adicional con hueso
9 papas medianas cortadas en cuadritos
1 cucharada de aceite de oliva
4 cucharadas de mantequilla
1 cucharadita de aceite de oliva
2 ramas de menta (yerbabuena)
8 ramas de cilantro con sus tallos
2 ramas de apio España o célery
1 cucharadita de pimienta
1 cucharadita de tomillo
1 cucharadita de paprika
1½ cucharadas de sal
3 jojotos (mazorca de maíz)
2 latas de maíz en grano y 2 en crema
½ (paquete) queso crema
¼ de taza de queso amarillo fundido para untar
1 cucharada de comino
1 taza de crema de leche o ¼ litro de leche en polvo batida y líquida
4 litros de agua
4 dientes de ajo machacado
1 cebolla picadita
3 ajíes dulces
½ kg de queso blanco duro cortado en cuadritos

Preparación

Limpiar la gallina o pollos y pechuga con limón en abundante agua. Cortar en presas. Retirar la grasa y la piel. Pelar y picar las papas en cuadritos, remojar en sal, reservar, y botar el agua más adelante.

En una olla grande hervir los cuatro litros de agua. Agregar la gallina o pollos, pechuga y mazorcas cortadas en ruedas. Poner el manojo de hojas. Cocinar tapado, a fuego lento por una hora y media. Poner sal. Terminado el tiempo, sacar las presas del pollo, pechuga y las ruedas de mazorca. Eliminar los huesos de las presas y la piel, sacar y botar las ramas. Colar y llevar el caldo nuevamente a la olla. Agregar el pollo deshuesado picado en trozos pequeños, las papas en cuadritos reservadas, sin el agua, y las mazorcas, todo cortado en pedazos pequeños. Seguir a fuego bajo con olla tapada durante veinticinco minutos.

En una sartén, agregar la mantequilla y aceite de oliva, echar los ajos machacados, la cebolla picada, los ajíes picaditos, varias ramas de cilantro picadas finamente con sus tallos, pimienta, comino, tomillo y paprika, y preparar un sofrito a fuego moderado por veinticinco minutos.

Cuando esté listo el sofrito, agregarle dos tazas del caldo de la olla, llevarlo a la procesadora o licuadora para triturar estos elementos, los cuales se echarán a la sopa. Tomar otra taza del caldo, y llevarlo a la licuadora con el queso amarillo fundido para untar, el queso crema y una taza de leche. Este batido se agrega a la olla donde se cocina el chupe. Continuar a fuego alto, revolviendo con cuchara de madera. Para finalizar se echa el contenido de las latas de crema de maíz y en grano y se continúa la cocción durante diez minutos.

Como último toque, gotas de salsa picante al gusto, y la crema de leche con un hervor de seis minutos revolviendo a fuego alto. Apagar y retirar del calor.

Llevar a la mesa en una sopera para que cada persona se sirva. Ofrecer queso blanco cortado en cuadritos para acompañar la sopa. Se puede ofrecer también aguacate en cuadritos, casabe y unas arepitas, o simplemente pan en ruedas tostado al horno con mantequilla.

Si se hace el chupe con anticipación para llevar a la mesa se recomienda agregar la crema de leche al momento de servir. Como entrada, una ensalada César le va muy bien.

Consomé

6 porciones
3 horas y 30 minutos

Ingredientes

2 litros de agua
1 kg de presas de pollo (pescuezos, alas y carapachos)
½ kg de lagarto con hueso
½ kg de costillas de res
2 cebollas medianas
1 cabeza de ajo machacada
2 zanahorias
3 hojas de apio España o célery con sus tallos
1 ajo porro (la parte blanca)
3 ramas de cilantro con sus tallos
3 ramas de menta (yerbabuena)
1 huevo
1½ cucharadas de sal
1 cucharadita de pimienta negra
2 ramas de cebollín, la parte blanca picada
1 rama de tomillo o cucharadita en polvo
1 cucharadita de comino

Preparación

Poner a hervir el agua y cocinar las carnes, tapado, a fuego lento por tres horas. Pasado ese tiempo, agregar los otros ingredientes a excepción del huevo y las ramas de menta. Seguir cocinando durante una hora. Al cabo de este tiempo, destapar y agregar las hojas de menta y dejar al fuego por cinco minutos.

Sacamos de la olla las presas y la menta. Colar con colador de alambre. Llevar de nuevo a fuego alto para clarificar el consomé de la forma siguiente: lavar el huevo, romper, descartar la yema, echar la clara con todo y cáscara al caldo. Cocinar a fuego alto por cinco minutos. Dejar reposar y volver a colar, esta vez con colador de tela húmedo. De esta manera, se obtendrá un consomé claro y bonito, propio para utilizar en un momento propicio o para una comida elegante en taza apropiada como entrada con yema de huevo y queso parmesano rallado al gusto.

El caldo se puede congelar. La carne restante se puede guardar y utilizar en guisos.

Crema de apio y pollo

6 porciones
2 horas

Ingredientes

1 pollo cortado en presas
1 kg de apio
1 ajo porro (la parte blanca)
3 dientes de ajo machacados
1 cebolla rebanada
2 ramas de cilantro cortadas con sus tallos bien menudas
1 tallo de célery cortado en trozos pequeños
1 cucharadita de pimienta
1 cucharadita de comino
1 cucharadita de tomillo
1 cucharada de sal
1 cucharadita de nuez moscada
2 ajíes dulces picados, sin semillas
2 cucharadas de harina de trigo
1 pan largo cortado en rebanadas y tostadas con mantequilla
3 cucharadas de mantequilla
½ taza de leche
¼ taza de crema de leche
1 limón
1 cucharadita de aceite

Preparación

Lavar el pollo con limón y agua. Quitar la grasa y la piel, sobre todo de la colita. Colocar el pollo en la olla y agregar seis tazas de agua. Poner a fuego alto hasta que hierva. Tapar y bajar el fuego.

Sofreír la cebolla, ajos, ajíes, cilantro, comino, pimienta, célery y ajo porro, por quince minutos a fuego moderado en mantequilla y aceite. Echar el sofrito a la olla con el pollo y agregar el apio picado. Seguir cocinando por una hora y mantenerlo tapado a fuego bajo. Poner sal y nuez moscada.

Terminado este tiempo, sacar el pollo, y reservar en una fuente. Esperar que la sopa se enfríe un poco para llevar a licuadora. Se bate todo el contenido con la leche y la harina hasta hacer una crema. Eliminar los huesos y la piel del pollo. Desmenuzar y echar a la crema que se ha hecho con el apio. Cocinar todo a fuego alto hasta lograr que haga burbujas y se cuaje (aproximadamente diez minutos revolviendo con cuchara de madera).

Es una crema muy completa. Por lo tanto, se sirve como único plato acompañado con pan tostado al horno con mantequilla, tajadas de plátano fritas o plátano con azúcar y miel.

Servir con crema de leche.

Crema de auyama o calabaza

6 porciones
40 minutos

Ingredientes

1½ kg de auyama sin concha y semillas
1 cebolla blanca mediana cortada
4 dientes de ajo machacados
1 cucharadita de pimienta negra
1 cucharadita de comino y cilantro picadito
1 cucharadita de tomillo
1 cucharada de nuez moscada
1 litro de caldo de pollo (puede ser con cubito de caldo concentrado) y 2 tazas de agua
1 cucharada de aceite de oliva
1 taza de leche o ¼ de taza de crema de leche o nata
2 cucharadas de harina de trigo o maicena
1 cucharada de sal
1 cucharada de mantequilla
Queso crema para servir, al gusto

Preparación

Sofreír los ajos y la cebolla por diez minutos a fuego mediano, en la olla en la que se cocinará la crema. Agregar el caldo, la auyama cortada, las especias y la sal. Cocer a fuego bajo. Tapar la olla por una hora, hasta que la auyama esté blanda. Pasado este tiempo, dejar enfriar, y licuar el contenido con leche y harina de trigo para lograr una crema.

Llevar de nuevo a la olla a fuego alto. Revolver con cuchara de madera, y esperar unos minutos a que salgan burbujas y espese la sopa.

La crema de leche se agrega al momento de servir a cada comensal con un trozo pequeño de queso crema o cucharada de nata.

Consejos útiles
• La calabaza o auyama se puede cocinar con su concha, la cual se elimina en el momento del licuado.
• Esta crema se puede hacer de igual forma con batatas (*sweet potatoes*, camote), ocumo y zanahoria.

Crema de calabacín y brócoli

6 porciones
1 hora

Ingredientes

1 brócoli pequeño
2 calabacines medianos
1 cebolla picada
4 dientes de ajo machacados
1 litros de agua o caldo de pollo
1 cucharada de nuez moscada
1 cucharada de harina de trigo o maicena
1 cucharada de aceite de oliva
1 cucharadita de mantequilla
1 cucharadita de pimienta
1 cucharadita de paprika
1 cucharadita de mantequilla
1/4 taza de crema de leche o
un yogur natural

Preparación

Hervir el agua o el caldo en una olla. Picar los calabacines y el brócoli sin el tallo, y agregar al caldo. Sofreír los ajos y la cebolla en la mantequilla y aceite. Agregar, sin la grasa, junto a la pimienta, nuez moscada, paprika y sal a la olla en la que se va a cocinar la sopa, a fuego lento, tapada, por veinticinco minutos. Apagar, reposar hasta enfriar para llevar a la licuadora, con la harina y yogur. Colocar nuevamente en la olla a fuego alto, moviendo con una cuchara de madera hasta que haga burbujas y espese. Apagar y retirar de la hornilla. Poner crema de leche para servir.

La crema de berro y espinaca se prepara igual, solo que hay que agregar una papa picadita para espesar. Usa esta misma receta para la crema de coliflor (sin la papa), la de auyama, ocumo y batata. También puedes hacerla si te sobran verduras, después de un sancocho de carne, gallina o pollo.

Crema de champiñones

6 porciones
40 minutos

Ingredientes

1 kg de champiñones medianos
½ zanahoria picadita
1½ litros de caldo de pollo o carne
1 cebolla picadita
2 ajíes dulces picaditos
3 dientes de ajos machacados
1 cucharadita de pimienta
1 cucharadita de paprika
1 cucharada de sal
3 cucharadas de mantequilla
1 cucharadita de aceite de oliva
1 cucharada de nuez moscada
2 cucharadas de harina de trigo o maicena
1 taza de leche o 1 yogur natural
6 cucharadas de crema de leche o nata
(para agregar al servir)

Preparación

Lavar los champiñones y quitar cuidadosamente su piel. Utilizar los tallos sin las partes duras. En una olla a fuego medio, hacer un sofrito con cebolla, ajos y ajíes en aceite y mantequilla. Cuando la cebolla y los ajos estén cristalinos, agregar la zanahoria y los champiñones. Luego esperar a que se evapore el líquido de los champiñones, aproximadamente quince minutos.

Llevar el sofrito y los champiñones al caldo, tapado, a fuego lento, por veinte minutos. Enfriar un poco y pasar la mezcla a la licuadora con la harina y la leche o yogur. Batir a alta velocidad.

Devolver a la olla a fuego alto, y esperar a que salgan burbujas y se cuaje la crema. Retirar del fuego y agregar gotas de salsa picante al gusto (opcional).

Llevar a la mesa y servir con pan tostado al horno.

Crema de espárragos

6 porciones
40 minutos

Ingredientes

¾ kg de espárragos
2 ajos porros (la parte blanca)
2 dientes de ajo machacados
1 cebolla picada
1 papa cortada en pedazos
1 cucharadita de pimienta
1 cucharadita de tomillo
1 cucharadita de nuez moscada
2 cucharadas de mantequilla
1½ litros de caldo de pollo o carne
2 cucharadas de harina de trigo o 2 cucharadas de maicena
1 cucharadita de paprika
½ taza de leche
¼ taza de crema de leche o nata
1 limón

Preparación

Cortar parte de las puntas de los espárragos y reservar. Cortar en pedazos pequeños el resto quitando la parte muy dura, y lavar muy bien con agua y limón. Sofreír la cebolla, ajos machacados y ajos porros en la mantequilla por diez minutos, a fuego mediano. Llevar el caldo a una olla con la papa, los espárragos sin las puntas, la cebolla, ajos y ajos porros ya sofritos con las especias. Cocinar a fuego bajo, tapado, por treinta minutos. Agregar sal.

En una taza de agua hervir, en olla destapada, las puntas de espárragos por diez minutos. Reservar para el final.

Dejar enfriar el caldo con las papas y todo el condimento. Agregar la harina, leche, nuez moscada, pimienta, tomillo y paprika, y batir en la procesadora o licuadora. Llevar nuevamente a la olla, revolver con cuchara de madera hasta que cuaje y haga burbujas. Agregar las puntas de los espárragos y desechar el agua. Poner la crema de leche o la nata y dejar al fuego por cinco minutos antes de servir.

De igual manera se puede hacer con berro.

Crema de espinaca

6 porciones
40 minutos

Ingredientes

1½ litros de consomé de carne o de pollo
1 o 2 paquetes de espinacas (utilizar solo hojas, y se puede agregar berros)
1 cebolla mediana rebanada
3 dientes de ajo machacados
1 tallo de ajo porro (la parte blanca)
1 zanahoria picada (también puede utilizarse una papa)
2 cucharadas de mantequilla
1 cucharada de aceite de oliva
1 taza de leche
¼ taza de nata
1 taza de crema de leche
1 taza de agua caliente
1 cucharada de nuez moscada
1 cucharadita de pimienta negra
Una pizca de pimienta blanca
2 cucharadas de harina de trigo o maicena
Queso crema al gusto

Preparación

Sofreír, a fuego lento, los ajos y la cebolla por diez minutos. Agregar las hojas de espinaca picadas, sal, pimienta, nuez moscada y ajo porro. Revolver con cuchara de madera, poner el caldo de carne y papas. Cocinar tapado por treinta minutos a fuego bajo hasta que las verduras estén blandas. Agregar agua. Apagar y esperar a que enfríe un poco.

Cuando la sopa esté tibia, batir en la procesadora con leche y harina. Llevar a la olla a fuego alto para que hierva y levante burbujas. Revolver con cuchara de madera hasta que cuaje. Retirar de la hornilla de inmediato.

Se sirve y se pone a cada porción una cucharada de nata o una cucharada de crema de leche o queso crema al gusto.

Gotas picantes al gusto (opcional).

Crema de jojoto (maíz tierno)

6 porciones
45 minutos

Ingredientes

1½ litros de caldo de pollo o res
1 taza de agua caliente
1 cebolla blanca rebanada
3 dientes de ajo machacados
1 cucharada de mantequilla
1 cucharada de aceite de oliva
1 cucharada de nuez moscada
2 latas grandes de crema de maíz
2 latas grandes de maíz en grano
1 cucharadita de pimienta negra
1 cucharada de harina de trigo o maicena
1 taza de leche de coco
½ taza de crema de leche
1 cucharadita de comino
1 cucharada de sal
4 ramas de cilantro
1 rama de yerbabuena
2 tazas de queso duro cortado en trocitos
Salsa picante al gusto

Preparación

Sofreír los ajos y la cebolla en la mantequilla y aceite, dos ramas de cilantro picadito y sal a fuego moderado por quince minutos. En una olla, agregar el caldo de pollo o carne. Poner agua, sal, agregar pimienta, comino, nuez moscada y dos ramas de cilantro y una de yerbabuena amarradas con un pabilo, el sofrito de ajo y cebolla. Cocinar tapado a fuego lento por diez minutos. Apagar y dejar enfriar un poco para batir en la licuadora con la leche y la harina, para hacer la crema.

Llevar de nuevo al fuego alto, destapado, y agregar el contenido de las latas de crema de maíz y en grano. Revolver con cuchara de madera hasta que tenga burbujas y cuaje. Servir con pedacitos de queso blanco duro.

La crema de leche se agrega al gusto. Se puede usar leche normal si se prefiere.

Mondongo

8 porciones
6 horas y 15 minutos

Ingredientes

2 kg de panza de res
3 patitas de cochino (cerdo)
2 patas de res
2 cebollas blancas picadas
1 pimentón (pimiento) bien picado
1 cucharada de alcaparras bien picadas
3 cucharadas de aceitunas rellenas de pimentón picadas por la mitad
3 ramas de cilantro picaditas con sus tallos
1 cucharada de comino
1 cucharadita de pimienta
2 dientes de ajo machacados
¼ de taza de vino rosado
1½ cucharadas de sal
¼ de kg de masa para arepas de maíz en forma de bolitas
4 papas medianas cortadas en cuadritos
1 zanahoria en ruedas
1 tallo de célery cortado en dados
½ kg de ocumo picado en trozos
2 batatas (camote, sweet potato) cortadas en trozos
3 jojotos (maíz tierno) cortado en ruedas
2 plátanos verdes picados en ruedas
¼ de kg de auyama picada sin concha
2 cucharadas de aceite onotado (receta en la sección de Salsas y Vinagretas)
Salsa picante al gusto
1 kg de yuca en trozos
2 limones

Preparación

Poner en remojo por una hora con una cucharadita de bicarbonato, una cucharadita de vinagre blanco y limón, tanto la panza como las patas de res y patitas de cochino. Después de remojarlas, eliminar completamente la grasa de la panza y partes feas de la pata de res. Lavar y raspar muy bien todo en general. Luego, lavarlas de nuevo en el chorro.

En una olla grande con tapa, se ponen a cocer las patas de res y la panza picada en cuadritos, con cuatro litros de agua, por cuatro horas. Luego, se agregan las patitas de cochino por una hora, para un total de cinco horas de cocción. Todo esto tapado y a fuego lento.

Bajar del fuego y dejar enfriar. Se lleva a la nevera para continuar al día siguiente.

Al día siguiente, le eliminamos los huesos a las patitas de cochino y picamos en pedazos menudos. Cortamos la panza en cuadritos. Las patas de res las eliminamos, pero antes sacamos su grasa interna (colágeno), para echarla al caldo que tenemos con la panza y las paticas de cochino.

Seguidamente, se hace un sofrito en aceite onotado con ajos, cebolla, ajíes dulces, cilantro, el comino y alcaparras por veinte minutos a fuego moderado. Llevamos al procesador batiendo por tres segundos. Se echa a la olla del caldo y se continúa la cocción por media hora a fuego bajo, tapado.

Para terminar, llevaremos a la olla del caldo el resto de los ingredientes: papas, zanahoria, batatas, ocumos, jojotos, auyama, célery, pimienta, sal, plátano, las bolitas de masa y el vino. Todas las verduras deben estar cortadas en cuadros pequeños. Tapamos y seguimos la cocción. Agregamos un poco de agua caliente si se seca el caldo y fuera necesario. Primero cocemos a fuego alto por cinco minutos. Bajamos la llama, y cocinamos tapado por una hora y media. Agregar gotas de picante al gusto, y finalizar con aceitunas. Hacer prueba de sabores. Esta sopa por ser fuerte se recomienda para un almuerzo.

Pisca andina

8 porciones
6 horas

Ingredientes

3 patas de res lavadas con limón
1 cebolla grande o dos pequeñas picaditas
3 ramas de cebollín (la parte blanca)
Unas ramas de célery o apio España
Unas ramas de yerbabuena atadas con pabilo
8 huevos
1 ajo porro (parte blanca)
6 dientes de ajo machacados
6 papas cortadas en cuadritos
1 cucharadita de pimienta
3 cucharadas de aceite onotado (receta en la sección de Salsas y Vinagretas)
4 ajíes picaditos sin semillas
Unas ramas de cilantro con tallos
2 tazas de leche hervida y caliente para llevar a la mesa
¼ taza de crema de leche
4 ajíes

Preparación

En una olla grande, poner a hervir tres litros de agua. Cocer las patas de res por cinco horas a fuego bajo, tapado. Después de pasado este tiempo, hacer un sofrito en aceite onotado, con los ajos, cebollas, ajíes, cilantro, ajo porro. Cocinar por unos veinte minutos y agregar al caldo.

Transcurrido el tiempo, apagar la llama y dejar enfriar por unos minutos. Descartar las patas de res y reservar la parte que llevan por dentro (colágeno). Colar este caldo en colador de alambre y presionar con una cuchara los sofritos para agregar de esta forma un poco de los condimentos que contiene el caldo. Llevar el caldo nuevamente a la olla, y agregar la sal y papas. Aparte, sofreír a fuego medio, un cuarto de cebolla bien picadita en aceite onotado hasta que cristalice. Agregar a la pisca que estamos cocinando.

Este nuevo proceso dura unos veinte minutos, tiempo suficiente para la cocción de las papas. Poner el colágeno que se tenía en reserva y revolver. Agregar las hojas de menta y célery atadas con pabilo, y se dejan por cinco minutos tapado y a fuego bajo, y se eliminan. Destapar y cocinar a fuego alto, e ir agregando un huevo por persona, sin cáscara, utilizando un cucharón y cuidando que el huevo quede entero. Este procedimiento dura unos quince minutos. Llevar a la mesa en plato sopero, y luego, la leche y crema, para que cada comensal la agregue al gusto.

Arepitas, casabe horneado con mantequilla y queso frito son muy buenos acompañantes.

Ideal para un desayuno a las once de la mañana.

Sancocho de pescado

8 porciones
2 horas

Ingredientes

1 pescado entero, mero o algo parecido (2½ kg)
3 papas
1 kg de yuca
3 ocumos
½ kg de ñame en dos partes
2 batatas (camote, *sweet potato*) blancas
1 batata amarilla
3 plátanos verdes en ruedas
12 ramas de cilantro
3 ramas de menta
3 ramas de apio España o célery
½ kg de auyama (sin la concha)
3 jojotos (mazorcas de maíz) en ruedas
1 cebolla picada
1 cabeza de ajo machacado
1 cucharada de comino
½ kg de calamares limpios sin cabezas
½ kg de guacuco limpios y colados en colador de alambre y luego de tela
½ kg de camarones sin venas, y guardar cáscaras para el caldo
3 litros de agua
1½ cucharadas de sal
1 cucharadita de pimienta
1 cucharadita de paprika
1 cucharadita de tomillo
1½ cucharadas de aceite de oliva
1 cucharada de limón
Salsa picante al gusto
½ taza de vino blanco o jerez

Preparación

La preparación del sancocho de pescado se divide en tres tareas: el caldo base, el sofrito y el caldo de guacucos.

Comprar un pescado grande entero, especial para sopa, puede ser mero a algo parecido. Pedir que lo limpien y fileteen. Si el pescadero lo hace, te ahorrará mucho tiempo. Pedir que separe los filetes de los sobrantes (cabeza, cola y espinas), estos se usarán para elaborar el caldo.
Limpiar los camarones, eliminar las venas y reservar las cáscaras, las cuales dan un bonito color al caldo.

En una olla grande, preparar el caldo base, agregando el agua (reservar dos tazas de agua para el caldo de guacuco), una cucharada de limón, los sobrantes del pescado y las cáscaras de los camarones. Añadir seis ramas de cilantro, tres de menta y apio España atadas con pabilo, así podrán ser retiradas fácilmente una vez listo el caldo. Cocinar, a fuego medio, por quince minutos. Colar en colador de alambre, y reservar el caldo.

En una sartén a fuego lento, preparar el sofrito con aceite, los ajos machacados, la cebolla, ajíes y seis ramas de cilantro (con los tallos), todo bien picado. Sazonar con la pimienta, paprika, tomillo y el comino, y cocinar por veinticinco minutos. Tomar dos tazas del caldo reservado y agregarlos al sofrito, dejar reposar y batir en el procesador de alimentos. Esta mezcla se agrega al caldo base y se cocina a fuego alto.

Agregamos los calamares limpios (sin cabezas), plátanos verdes y jojotos pelados y picados en ruedas. Bajamos la temperatura a fuego medio, tapamos y cocinamos por veinticinco minutos. Estos ingredientes se colocan primero porque necesitan más tiempo de cocción. Transcurrido este tiempo, agregar las verduras, peladas y picadas en trozos grandes, excepto el ñame, que se añadirá cuando las verduras ablanden. Continuar cocinando por media hora, siempre tapado y a fuego moderado. Agregar la sal.

El caldo de guacuco se prepara en una olla mediana, hirviéndolos a fuego alto en dos tazas de agua por diez minutos. Apagar y colar con colador de alambre, y luego pasar por colador de tela. Sacar las carnes de las conchas, botar las conchas que no se abran, y conservar las abiertas; reservar el caldo. Lavar bien los guacucos abiertos bajo el chorro de agua para eliminar restos de arena. Agregar al caldo y colar nuevamente en colador de alambre y de tela. Colocar las carnes de guacuco y su caldo. Añadir el ñame, los filetes de pescado, camarones, y algunas de las cáscaras de guacuco, que servirán para adornar los platos. Esta última parte se cocina tapado a fuego moderado, por diez minutos. Se agrega el vino y se rectifican los sabores. Agregar picante al gusto y sal si hiciera falta. Acompañar con casabe, arepas de queso o tequeños. Y servir el vino blanco o jerez.

Consejos útiles
• Para hacer un buen sancocho de pescado, dependemos mucho de la calidad del pescado. Este debe lucir fresco, con los ojos brillantes y branquias rojas.
• Cortar las verduras grandes para llevar a la mesa en bandeja y que cada comensal se sirva a su gusto.
• Sacar los filetes de pescado con espátula, con cuidado de no romperlos al ponerlos en la bandeja.
• Servir el sancocho en una sopera.

Sopa de arvejas

8 porciones
1 hora y 30 minutos

Ingredientes

½ kg de arvejas peladas
1 cebolla
3 dientes de ajos
1 pimentón (pimiento)
3 ramas de cilantro picado con sus tallos
4 taza de agua
4 tazas de caldo de pollo o carne
1 cucharada de comino
1 cucharadita de pimienta
1 cucharadita de paprika
1 cucharada de sal
1 cucharada de azúcar morena
1 papa grande picada en cuadritos
1 cucharada de aceite
2 lonjas de tocineta o jamón serrano
Salsa picante al gusto

Preparación

Poner en una olla dos litros de agua a hervir. Agregar las arvejas peladas, la pimienta, paprika, la papa picada en cuadritos y sal.

Hacer un sofrito en aceite, a fuego mediano con los ajos machacados, tocineta o jamón serrano, cebolla y el pimentón bien picados. Sazonar con comino, azúcar y cilantro picadito, incluyendo los tallos.

Agregar a la olla de las arvejas todo el sofrito y cocinar a fuego lento, tapado, por una hora y media. Servir con pedacitos de pan tostado y queso parmesano rallado. Llevar el picante a la mesa.

Servir con pedacitos de pan tostado y queso parmesano rallado. Llevar el picante a la mesa.

Consejos útiles
• Las arvejas enteras con su piel se preparan de igual manera, pero la cocción es de dos horas aproximadamente. A veces toma menos tiempo si son tiernas. En este caso, al cocinarlas, las cáscaras se van a la superficie con la espuma, y se pueden eliminar con paciencia con una cuchara espumadera, de esas que tienen ranuras o huecos. No hace falta que se eliminen todas las cáscaras.
• Si quieres una sopa más sustanciosa, en vez de usar agua, sustituir por caldo de pollo o carne. Resultará más nutritiva y gustosa.

Sopa de cebolla

6 porciones
2 horas y 10 minutos

Ingredientes

1½ kg de carne de res (tipo falda)
2½ litros de agua
1 cucharada de sal
9 cebollas blancas medianas
1 cucharadita de pimienta negra
1 cucharada de nuez moscada
6 cucharadas de mantequilla
2 cucharadas de aceite de oliva
1 pan largo (tipo canilla o francés)
12 cucharadas de queso parmesano rallado
6 envases refractarios para sopa

Preparación

En una olla hervir dos litros y medio de agua. Agregar la carne, y cocinar a fuego lento, tapada, por una hora y media. Al estar lista, sacar la carne y colar el caldo. Reservar ambos.

Lavar y secar la misma olla del caldo para freír las cebollas rebanadas en el aceite y mantequilla, hasta que la cebolla se ponga cristalina y marchita. Poner de nuevo el caldo en la olla, agregar la pimienta y la nuez moscada. Cocinar tapado por media hora a fuego lento, para no perder líquido.

Servir la sopa, con cucharón, en los envases individuales, ideal si son de arcilla. Colocar dos ruedas de pan, previamente tostado, con una cucharadita de mantequilla por encima, y poner una cucharada y media del queso rallado, para gratinar. Precalentar el horno, y gratinar por diez minutos a 350°F.

Esta sopa se ofrece bien caliente a cada comensal.

Consejos útiles
• Puede ser acompañada con otra comida liviana por ser una sopa muy fuerte y completa.
• La carne se reserva para hacer una carne mechada, guardando algo del caldo para esa elaboración.

Sopa de garbanzos con chuleta de cochino

8 porciones
5 horas y 20 minutos

Ingredientes

1 kg de garbanzos
2 chuletas de cochino que pueden ser ahumadas
1 cebolla picada
3 dientes de ajos machacados
2 papas en cuadritos
1 zanahoria en rueditas
3 ajíes dulces bien picados
1 cucharada de sal
1 cucharadita de pimienta

1 cucharadita de tomillo
1 cucharadita de paprika
1 cucharada de comino
2 cucharadas de azúcar morena o trozo de papelón
1 cucharada de salsa de tomate
2 litros de agua
2 cucharadas de aceite de oliva
¼ de taza de vino rojo

Preparación

Poner en remojo los garbanzos la noche anterior. Al día siguiente, botar el agua y lavarlos con agua y limón. Hervir el agua y poner los garbanzos en olla tapada a fuego lento por cuatro horas. A las cuatro horas aproximadamente, dependiendo de la calidad del grano, retirar si es posible las conchas que suelten los granos y que a veces se van a la superficie. Eliminar la espuma y mover con cuchara espumadera para que sea más fácil el procedimiento. Hacer un sofrito con los ajos, la cebolla, los ajíes y las alcaparras. Todo bien picadito en aceite. Agregar comino, pimienta, paprika, tomillo y azúcar o papelón. Cocinar a fuego lento. Agregar las chuletas picadas en trocitos, a las cuales se les dejan los huesos que les dan sabor a la sopa. Cocinar por veinte minutos.

Cuando el sofrito esté listo, agregar a la sopa junto con las papas y cocinar por una hora más, tapado y a fuego lento. Poner la sal, el vino y la salsa de tomate. Si tiene mucho líquido secar un poco, destapado, subiendo un poco el fuego y muy pendiente de no secar demasiado. Botar los huesos, y seguir a fuego bajo. Esta última parte, puede durar quince minutos. Apagar.

Sopa de caraotas blancas con acelgas

8 porciones
2 horas

Ingredientes

½ kg de caraotas blancas
½ paquete de acelgas
2 ajíes picaditos
1 cebolla picada
4 dientes de ajo machacados y picados
1 cucharadita de pimienta
1 cucharadita de paprika
1 cucharada de sal
1 papa picada en cuadritos
1 cucharada de aceite
1 lata pequeña de guisantes con zanahorias
1 taza de queso parmesano rallado
1 litro de agua
3 tazas de caldo de pollo o res (se puede hacer con cubitos de caldo concentrado)

Preparación

Poner a hervir el agua y el caldo, y agregar las caraotas blancas (frijoles blancos). Bajar la llama y mantener la olla tapada. De vez en cuando abrir y quitar la espuma que se observe en la superficie.

Picar la cebolla bien menuda y los ajíes, machacar los ajos y picarlos. Lavar las hojas de acelga y la parte blanca, picarlas muy bien. Sofreír en aceite, a fuego medio, con la cebolla, ajos y ajíes, comino, pimienta, paprika por unos veinte minutos. Cuando el sofrito esté listo y la cebolla cristalina, agregar esto a los frijoles con las papas, los guisantes, pasta de tomate y azúcar. Seguir cocinando tapado a fuego bajo por una hora y media, o hasta que las caraotas se encuentren blandas. Rectificar sabores, y poner sal si hace falta.

Servir en plato sopero. Cada comensal se servirá el queso al gusto. Este plato es fuerte, al igual que la sopa de cebolla. Debe ser acompañado con una entrada.

Sopa de guacuco o almejas

8 porciones
30 minutos

Ingredientes

3 kg de guacucos o almejas
1½ litros de agua
1 cebolla picadita
2 ramitas de cilantro picado
2 dientes de ajo machacados
1 trozo de ajo porro (parte blanca)
1 papa picada grande
½ litro de caldo de pescado (se puede preparar con 2 cubitos de pescado)
1 cucharada de mantequilla

Salsa picante al gusto
2 tazas de leche
¼ taza de crema de leche
3 cucharadas de harina de trigo o 4 cucharadas de maicena
2 lonjas de tocineta (*bacon*) fritas y crujientes
¼ de taza de vino blanco
1 cucharadita de nuez moscada
Dados de pan frito (*croutons*)

Preparación

Freír las lonjas de tocineta asegurándose de que queden crujientes. Reservar las tocinetas y el aceite. Lavar los guacucos con limón, y remojar por un rato. Agregarlos limpios al caldo, y cocinarlos tapados, a fuego moderado por seis minutos. Sacar los guacucos. Desechar los que estén cerrados. Colar el caldo en colador de alambre, y reservar. Poner los guacucos, aún en el colador, bajo el agua para que suelten la arenilla acumulada. Pasar el caldo por el colador de tela.

Sacar los guacucos de sus conchas, picarlos y dejar algunos en reserva para poner al final. Hacer un sofrito con los ajos, ajo porro picadito y cebolla usando el aceite de la tocineta y la mantequilla. Cocinar a fuego bajo por quince minutos. Agregar el cilantro, la papa picada, y cocinar tapado por veinte minutos. Apagar y dejar que se enfríe para poder batir en la licuadora con la harina y la leche. Agregar la mezcla a la olla con el caldo. Cocinar y revolver con cuchara de madera, mantener destapado hasta que espese y haga burbujas. Agregar la pimienta, sal, los guacucos reservados, tocineta desmenuzada, vino y picante al gusto. Hervir por dos minutos.

Poner la nata o crema de leche a cada comensal, y agregar una o dos conchas de guacuco y los *croutons* como adorno. ¡Una delicia!

Sopa minestrone

6 porciones
50 minutos

Ingredientes

1½ litros de caldo de pollo o de carne
2 lonjas de tocineta o panceta picada
200 g de caraotas blancas o judías
1 lata pequeña de guisantes con zanahoria
1 tallo de apio España o célery picado
1 papa picada en cuadritos
1 cebolla picadita
4 dientes de ajo machacados y picados
1 calabacín en rodajas
1 cucharadita de azúcar morena
2 cucharadas de pasta de tomate
½ taza de pasta corta (macarrones)
1 cucharada de sal
2 ajíes dulces bien picados
1 cucharada de aceite de oliva
¼ taza de vino blanco
1 taza de queso parmesano rallado
Pedacitos de queso feta
Croutons
1 cucharada de sal

Preparación

Dejar en remojo las judías en la olla desde la noche anterior. Botar el agua al día siguiente y lavarlas. Poner el caldo y las judías a hervir a llama baja.

En una sartén con aceite sofreír, a fuego medio, las tocinetas, ajos, cebolla, jamón, ajíes bien picados y azúcar por quince minutos. Remover hasta que el sofrito esté listo, y los ajos y cebollas estén cristalinos. Agregar a las judías el sofrito con la papa, zanahoria, calabacines, célery, guisantes, pasta de tomate, calabacín y vino blanco. Mantener tapado a fuego bajo por una hora para agregar después los macarrones. Probar antes si los frijoles están blandos. Cocinar por diez minutos, tiempo suficiente para la cocción de la pasta. Agregar sal. Esperar cinco minutos para que se unifiquen sabores, y apagar.

Llevar a la mesa el queso para que cada comensal se sirva.

Sopa de pollo con fideos

8 porciones
1 hora y 40 minutos

Ingredientes

1½ kg de presas de pollo
1 papa cortada en cuadritos
1 zanahoria cortada en cuadritos
1 cebolla picadita
4 dientes de ajo machacados y picados
½ paquete de fideos
Unas ramas de menta (yerbabuena)
Unas ramas de cilantro
½ cucharada de comino
1 cucharadita de pimienta
1 cucharada de sal
2 litros de agua

Preparación

Lavar el pollo con limón y quitar la grasa. Hervir el agua y poner el pollo, el comino y la pimienta. Sofreír en el aceite, a fuego moderado, los ajos y la cebolla hasta que esta esté cristalina. Llevar el sofrito a la olla con la papa, zanahoria y la sal. Agregar las ramas de cilantro atadas con pabilo, y cocinar todo por hora y media a fuego lento, tapado. Al estar lista la sopa, poner las hojas de menta (yerbabuena) atadas, por cinco minutos. Al pasar este tiempo se retiran. Al final, agregar los fideos, y cocinar por ocho minutos, y servir.

En mi casa se acostumbraba agregar un huevo al final de la cocción: uno por persona, utilizando cucharón para no derramar en el caldo. Será suficiente para una comida.
Ofrecer con plátanos en dulce.

En esta sopa, puedes sustituir el pollo con carne de lagarto de res con hueso. El tiempo de cocción será de dos horas y media, y si cambias por arroz, veinticinco minutos más. Si cambias la pasta por fideos chinos, el mismo tiempo.

Sopa de tomate

6 porciones
40 minutos

Ingredientes

1 kg de tomates bien maduros
1 cebolla picada
3 dientes de ajo machacados
2 cucharadas de pasta de tomate
1 cucharada de sal
1 zanahoria rallada
2 cucharadas de harina de trigo o maicena
1 cucharada de mantequilla
1 cucharadita de pimienta
1 cucharadita de paprika
1 cucharadita de tomillo
1 cucharada de azúcar morena
¼ taza de crema de leche
1 taza de leche (puede ser de almendra) o yogur que puede ser de sabor a fruta y sustituye por el azúcar
1½ litros de caldo de pollo o carne
1 cucharada de nuez moscada.
1 cucharadita de aceite de oliva
1 cucharadita de azúcar morena
Salsa picante al gusto
1 yogur natural
Croutons

Preparación

Pelar los tomates y sacarles las semillas en la forma siguiente: hacer unos cortes en la parte de arriba, y meterlos en agua hirviendo por cinco minutos. Sacar y enfriar con hielo para pelarlos, quitar la piel y semillas. Picarlos muy bien, estrujarlos con las manos o picar con cuchillo plástico.

Sofreír a fuego medio las cebollas y los ajos por diez minutos en la mantequilla y aceite, hasta lograr que estén cristalinos. Agregar zanahoria, tomates y seguir con el sofrito. Llevar todos estos ingredientes a la olla con caldo para cocinar tapado a fuego bajo por una hora. Agregar pimienta, tomillo, paprika, nuez moscada y sal. Poner azúcar, y dejar reposar diez minutos. Al cabo de este tiempo, licuar todo en la procesadora con la leche, harina y yogur.

Llevar de nuevo a la olla, hervir para que espese, haga burbujas y cuaje. Apagar y retirar del calor. Poner nata en cada porción y croutons. Agregar queso parmesano rallado, picante y croutons al gusto.

Sopa de vegetales color naranja

8 porciones
1 horas y 40 minutos

Ingredientes

2 zanahorias, picadas y peladas
2 batatas (papas dulces o *sweet potatoes*)
½ kg de auyama pelada (calabaza)
1 cebolla mediana en trozos
3 dientes de ajo machacados
1 cucharada de mantequilla
1 cucharadita de aceite de oliva
1 cucharada de nuez moscada
1 cucharadita de pimienta negra
1 cucharada de sal
1½ litros de caldo de pollo o de res
1 yogur natural
¼ taza de crema de leche
2 cucharadas de harina de trigo o maicena
2 hojas de cilantro con tallos

Preparación

En una olla, agregar mantequilla y aceite, y sofreír a fuego moderado los ajos y cebolla, por diez minutos. Agregar el caldo, las especies, zanahorias, papas dulces (batatas o *sweet potatoes*), auyama (calabaza) y cilantro. Cocinar por una hora y media. Dejar enfriar un poco, llevar a la licuadora, batir con el yogur y la harina hasta lograr una crema.

Llevar este batido a fuego alto hasta que haga ebullición y se observen burbujas y cuaje, revolviendo constantemente con cuchara de madera. Poner pimienta y sal si hiciera falta. Retirar del fuego de inmediato. Finalizar con crema de leche al gusto.

Sopa primaveral

6 porciones
35 minutos

Ingredientes

½ paquete de espinacas
½ paquete de berros
½ taza de perejil picado
2 ajos porros (parte blanca)
½ paquete de acelgas (hojas)
½ taza cilantro picadito
1 zanahoria
Hojas de célery picadas
1 tallo de célery picado
2 dientes de ajo
1 cebolla mediana picada
2 litros de agua (preferible si se tiene caldo de pollo o de carne)
1 cucharadita de aceite de oliva
1 cucharada de mantequilla
1 cucharada de sal
1 cucharadita de pimienta
1 cucharada de nuez moscada
1 cucharadita de tomillo o un ramito sin tallo
2 ajíes dulces
2 hojas de lechuga
2 cucharadas de harina
½ taza de leche de almendras o de coco
1 yogur natural
¼ taza de crema de leche o nata

Preparación

Quitar los tallos a las espinacas, picar las acelgas, los berros con tallos, ajos porros, ajíes, cebolla y ajos.

Poner en la olla, a fuego medio, la mantequilla y aceite. Sofreír la cebolla, los ajos, ajos porros y ajíes, e ir agregando todo el resto de las hojas y el tallo de célery. Unir a esto los demás ingredientes: sal, pimienta, nuez moscada y tomillo. Revolver con cuchara de madera. Vaciar el caldo en la olla, agregar las zanahorias. Cocinar tapado a fuego lento por treinta minutos, seguir revolviendo de vez en cuando. Enfriar un poco para llevar a la licuadora con la harina y la leche, tratando de que quede bien batida la sopa. Volver a la olla para que tome consistencia de crema, moviendo con la cuchara de madera hasta que aparezcan burbujas y cuaje. De último, para servir, poner la crema de leche o nata. Llevar a la mesa pan tostado y queso parmesano rallado.

Vegetales, Tubérculos y Cereales

Caraotas negras

8 porciones
3 horas y 30 minutos

Ingredientes

1 kg de caraotas negras (frijoles)
5 dientes de ajo machacados
1 cebolla mediana picadita
2 cucharadas de azúcar morena o un trozo de papelón
3 ajíes dulces
1 cucharada de comino
1 cucharadita de pimienta
1 cucharadita de paprika

1 cucharada de salsa de tomate
1 cucharadita de salsa inglesa
3 lonjas de tocineta picadita (opcional)
1 cucharada de sal
2 litros de agua
1 cucharadita de vinagre balsámico
¼ taza de vino rojo (opcional, pero el vino le da mejor sabor)

Preparación

Remojar las caraotas la noche anterior. Al día siguiente botar el agua y lavarlas. Poner a hervir los dos litros de agua y agregar los frijoles, taparlos y bajar la llama para cocinar a fuego lento. Destapar cada cierto tiempo, retirando la espuma que aparece en la superficie. Seguidamente, en una sartén con aceite, freír la tocineta a fuego medio. Retirarla cuando esté crujiente y reservarla, para continuar haciendo el sofrito. Agregar a la sartén que estamos usando los ajos bien machacados, la cebolla, los ajíes, comino, el azúcar o papelón, pimienta y paprika, y cocinar por veinticinco minutos. Cuando el sofrito tenga buena consistencia, y los ajos y cebollas estén cocidos, se llevan en su totalidad a la olla de las caraotas, las cuales se seguirán manteniendo tapadas a fuego lento por tres horas y media, todo dependerá de la calidad del grano. Cuando se considere que las caraotas están blandas, ponerles la sal, la salsa inglesa, salsa de tomate y el vino. Revolver con cuchara de madera, presionando a los lados los granos y aliños para lograr que cuajen un poco. Seguir la cocción por unos veinte minutos o algo más para que estén más gustosas y no tengan demasiado caldo. Una vez listas las caraotas, agregar las tocinetas.

Si se mantienen en la nevera, hay que hervirlas o calentarlas dentro de los tres días siguientes para que no pierdan sabor. Sin embargo, congeladas se mantienen sin ningún problema. Si se quieren sofritas, en aceite de oliva con aceite de tocineta (cuatro cucharadas, bien caliente), agrega las caraotas con poco líquido y a fuego alto, las fríes, revolviéndolas con cuchara de madera para que no se quemen. Puedes agregarle algo de azúcar, así son deliciosas. En Venezuela se acompañan con queso blanco rallado y arepas recién hechas.

Antipasto con atún

6 porciones
30 minutos

Ingredientes

2 latas grandes de atún en aceite de oliva. Reservar aceite
½ coliflor mediano
3 pepinos
2 zanahorias rebanadas
1 cebolla grande o 2 pequeñas, rebanadas
3 tallos de célery cortados en rebanadas delgadas
1 paquete pequeño de brotes de granos de soya
1 lata de pepitonas
1 lata de sardinas
1 lata de alcachofas.
8 aceitunas picadas y otras sin picar rellenas de pimentón
Unos pocos pedazos de encurtidos picados
2 cucharadas de mostaza
1 cucharada de aceite de oliva
1 cucharadita de sal
½ limón (el jugo)
1 cucharadita de vinagre balsámico
¼ de taza de vino blanco
2 pimentones asados, sin piel ni semillas, cortados en tiras

Preparación

Cortar los pepinos en ruedas, deben ser preferiblemente verdes y no grandes para no tener que quitar las semillas. Cocinarlos en agua junto a las cebollas, sal, una cucharadita de vinagre blanco, limón, un trozo de canela en rama. Agregar también los tallos de célery, coliflor y zanahorias cortadas en ruedas o dados y cocinar a fuego lento por quince minutos. Pasado este tiempo, echar los brotes de granos de soya, y cocinar por un minuto más en la olla donde se tiene el cocido. Apagar, colar y escurrir. Eliminar la canela.

Unir a estos ingredientes, que hemos cocido, el atún desmenuzado, las alcachofas, pepitonas, encurtidos picaditos, aceitunas y pimentones asados. Revolver con tenedor. Llevar a una fuente con las sardinas y todo el contenido que hemos elaborado.

Hacer una vinagreta con el aceite del atún, el aceite de oliva, el vinagre balsámico y la mostaza. Batir y agregar por encima del antipasto. Ordenar las sardinas, poniendo en las orillas para que no se rompan. Todo debe quedar en forma armónica. Añadir aceitunas rellenas de pimentón y refrigerar.

Para comida informal. Adornar con ramas de perejil. El casabe va muy bien con este plato.

Berenjenas rellenas con carne

8 porciones
40 minutos

Ingredientes

4 berenjenas medianas
1 kg de carne de res y cochino
2 tomates. Sin piel y semillas, cortados bien menudos
1 cucharadita de azúcar
1 cucharadita de sal para la salsa de carne
1 cebolla picadita
2 dientes de ajo bien machacados y picaditos

2 ajíes dulces
1 cucharadita de pimienta
1 cucharadita de vinagre balsámico
1 cucharadita de salsa 57
1 taza de queso parmesano rallado
1 cucharadita de salsa inglesa
2 cucharadas de aceite de oliva o cualquier otro
1 cucharada de aceite de sésamo
8 cucharadas de pan rallado
1 cucharada de sal para remojar las berenjenas

Preparación

Cortar las berenjenas por la mitad para lograr una especie de canoa. Poner a remojar en agua que las cubra con la cucharada de sal, por unas horas o la noche anterior para que suelten el amargor. Pasado el tiempo, escurrir en colador de alambre por cinco minutos. Secar y sacar algo del centro de las mismas para poder hacer el relleno. Poner las berenjenas en un refractario engrasado y llevarlas al horno previamente precalentado a 350°F por 15 minutos

Sofreír a fuego medio el ajo con la cebolla hasta notar que cristalice la cebolla. Agregar la carne, ajos, los tomates, azúcar, salsa 57, salsa inglesa, vinagre y sal. Poner también lo que se le sacó a las berenjenas, para hacer las canoas. Cocinar tapado a fuego lento por veinte minutos. Rellenar cada canoa con el contenido de la salsa, echarles por encima el queso, el pan rallado, gotas de sésamo y mantequilla para gratinar por quince minutos a 350°F.

Brócoli al vapor

6 porciones
25 minutos

Ingredientes

1 brócoli mediano bien bonito
1 cucharada de vinagre blanco
1 cucharadita de sal
2 cucharadas de mantequilla con sal
1 cucharada de aceite de oliva

Preparación

Cortar el tronco del brócoli y sacar las flores con sus tallos. En una olla con un litro de agua hirviendo, agregar el brócoli tratando de que lo cubra el agua. Cocinar destapado a fuego medio por quince minutos. Estará listo cuando la punta de un cuchillo entre con facilidad en uno de sus tallos. Si se introducen cuando el agua está hirviendo no perderán su color verde intenso.

Agregar el jugo de limón, sal y vinagre antes de sacarlo de la olla. Colar en colador de pasta. Servir en bandeja, Agregarles mantequilla y aceite de oliva.

Llevar a la mesa antes de que se enfríe.

Calabacines rellenos con carne

8 porciones
1 hora

Ingredientes

4 calabacines
1 cebolla picadita
2 tomates sin semillas y piel, picaditos
¾ kg de carne de res y cochino
2 ajíes dulces
1 cucharadita de azúcar
1 cucharadita de pimienta
1 cucharadita de vinagre balsámico
1 cucharadita de salsa inglesa
1 cucharada de salsa 57
½ cucharadita de sal
1 limón para lavar los calabacines
Unas gotas de salsa picante
1 cucharada de mantequilla
2 cucharadas de aceite de oliva o cualquier otro aceite
8 cucharadas de pan rallado
1 cucharadita de sal

Preparación

Lavar los calabacines con agua a la que hemos agregado limón y sal. Secar y cortar longitudinalmente. Sacar parte del centro para hacer una especie de canoa para el relleno. Sofreír la cebolla a fuego medio en el aceite hasta que esté cristalina. Agregar los tomates, la carne, pimienta, vinagre, sal, las gotas de picante (pocas), la salsa 57 y la salsa inglesa. Agregar lo que le sacamos a los calabacines.

Cocinar a fuego medio por quince minutos, tapado.

Rellenar las canoas con el guiso. Agregarles por encima pan rallado y media cucharadita de mantequilla. Llevar al horno a 350°F por veinte minutos en un refractario, hasta que se gratinen (el horno, deberá estar precalentado).

Acompañar con arroz blanco.

Coliflor gratinada

6 porciones
35 minutos

Ingredientes

1 coliflor mediana
½ cebolla picadita
3 tazas de leche
3 cucharadas de mantequilla
3 cucharadas de harina de trigo
1 sobre de sopa de tomate
½ cucharada de sal
1 cucharadita de nuez moscada
1 taza de queso parmesano rallado
1 cucharada de vinagre blanco

Preparación

Poner a hervir la coliflor con sal y vinagre blanco por quince minutos. Procurar que no quede muy cocida. Introducir un cuchillo en el tallo de la flor, si entra, está lista. Escurrir y reservar. Ponerla en un envase refractario enmantequillado. Agregar el queso parmesano, esparciéndolo sobre la coliflor. Sofreír la cebolla hasta que se ponga cristalina por veinte minutos a fuego bajo.

Para la salsa hacer un batido con leche tibia, tres cucharadas de harina, tres cuartos del sobre de sopa de tomate, nuez moscada, tres cucharadas de mantequilla, media cucharadita de sal, batiendo muy bien con cuchara de madera. Llevar a ebullición, revolviendo constantemente, hasta ver burbujas y que cuaje sin grumos. Agregar la cebolla y revolver hasta que se espese la salsa. Bajar del fuego y cubrir la coliflor con esta salsa que tendrá un color rosado. Mover con el tenedor para cubrir toda la coliflor. Poner una cucharada de mantequilla en el centro.

Gratinar en el horno precalentado a 350°F, por quince minutos, destapado, hasta que el gratinado esté listo. Sacar del horno. De no tener el sobre de sopa de tomate, se puede sustituir por seis cucharadas de salsa de tomate que se tenga a mano. La idea es darle color y sabor.

Dip de berenjenas

1 porción / servido en bol para compartir
25 minutos

Ingredientes

3 berenjenas
4 dientes de ajo dorados a la plancha
¼ de taza de almendras peladas
¼ de taza de aceite de oliva
1 cucharadita de vinagre blanco
1 cucharadita de vinagre balsámico
1 cucharadita de pimienta
½ cucharadita de aceite de sésamo
½ cucharada de sal
1 cucharadita de limón

Preparación

Llevar al horno las berenjenas picadas longitudinalmente para que estén más rápidamente. Cubrir con papel de aluminio en un envase engrasado para que no se peguen, a 350°F por media hora dependiendo del tamaño. Sacar del horno.

Verificar si están blandas. De no ser así, llevar de nuevo al horno hasta que lo estén. Aplastar las berenjenas con la ayuda de un tenedor y cuchara. Eliminar la piel. Licuar todos los ingredientes, menos el sésamo. Unir todo, agregar sésamo, para lograr el dip.

Llevar a una fuente con trozos de pan.

Dip de garbanzos

1 porción / servido en bol para compartir
25 minutos

Ingredientes

2 latas grandes de garbanzos
1 limón
½ taza de aceite de oliva
1 cucharadita de vinagre balsámico
1 cucharadita de vinagre blanco
1 cucharadita de pimienta
3 dientes de ajo dorados a la plancha
1 rama picadita de cilantro con sus tallos
½ taza de almendras o piñones tostados en horno (no quemar)
1 cucharadita de aceite de sésamo

Preparación

Llevar los garbanzos escurridos a la licuadora con todos los ingredientes y algo del líquido de la lata, para lograr una crema bien consistente, apropiada para un dip.

Llevar a una fuente de vidrio con pancitos tostados.

Frijoles blancos con punto negro

6 porciones
2 horas

Ingredientes

½ kg de frijoles con punto negro
1 cebolla picadita
4 dientes de ajo
3 ajíes dulces o pimentón
2 lonjas de tocineta finamente picadas
2 ramitas de cilantro con tallos
1 cucharada de azúcar morena
1 cucharada de sal
1 cucharadita de pimienta
1 cucharadita de tomillo
1 cucharadita de paprika
1 cucharada de comino
2 litros de agua

Preparación

En el agua hirviendo, echar los frijoles escogidos y lavados. Cocinar por veinte minutos a fuego bajo, tapado. Al destapar, eliminar la espuma que haya soltado. Hacer un sofrito en el aceite con la cebolla y los ajos bien machacados a fuego medio. Agregar la tocineta y los ajíes o pimentones. Añadir azúcar, comino, pimienta, tomillo, cilantro y paprika. Cocinar a fuego moderado por veinte minutos hasta que el ajo y la cebolla estén marchitos. Llevar a la olla con los frijoles, y cocinar por una hora y media más.

Probar los frijoles, y verificar si están blandos. Poner la sal y una cucharada de salsa de tomate. Revolver con suavidad, y cocinar por diez minutos para que se integren los sabores. Apagar el fuego y retirar de la hornilla.

Frijoles rojos o negros con carne molida

6 porciones
3 horas

Ingredientes

1 kg de caraotas rojas
2 litros de agua
½ kg de carne de res
½ kg de cochino
2 cebollas
6 dientes de ajo
2 pimentones (pimientos)
3 ajíes dulces
2 cucharadas de azúcar morena
3 tomates
1½ cucharadas de sal

2 cucharaditas de pimienta
2 cucharaditas de tomillo
1 cucharada de comino
1 cucharada de salsa inglesa
1 cucharada de pasta de tomate
1 cucharadita de vinagre balsámico
3 cucharadas de aceite de oliva
Varias ramas de cilantro picaditas con sus tallos
Salsa picante al gusto
¼ taza de vino rojo

Preparación

Remojar los frijoles la noche antes en agua que los cubra. Al día siguiente botar el agua y lavarlos. Poner los dos litros de agua en una olla, cuando hierva agregar los frijoles. Tapar, bajar el fuego y continuar cocinando por una hora y media. De vez en cuando, destapar para retirar la espuma que se forma en la superficie, y tapar de nuevo. Picar muy menudos la cebolla, los ajos y pimentones, y el cilantro con sus tallos. Sofreír en poco aceite, agregar comino, pimienta, tomillo, tomates picaditos y el azúcar. Dejar a fuego moderado por media hora, hasta que los ajos y la cebolla estén bien marchitos. Apagar y llevar a la olla de los frijoles.

Para la carne:
En una sartén, a fuego alto, poner el aceite restante, y freír la carne sazonada con el vinagre balsámico. Revolver con cuchara de madera hasta lograr que luzca seca, dorada y suelta (no quemada). Agregar a la olla donde se están cocinando los frijoles. Seguir cocinando a fuego lento por una hora y media. Poner de último la sal, la pasta de tomate, el vino, gotas de picante al gusto. Continuar cocinando, tapado, diez minutos adicionales para concentrar los sabores. Revolver con cuchara de madera. Como la calidad de los granos puede ser diferente, debemos estar pendientes después de que haya pasado la primera hora, y chequear cuánto se han ablandado. Mientras más suaves, saben mejor. Hay que esperar con paciencia, y rectificar la sal de ser necesario.

Son muy ricas con tortillas mexicanas, queso rallado, guacamole, etc., que complementan a una muy buena comida mejicana. También puede ser acompañada de arroz blanco y una buena ensalada.

Lentejas

6 porciones
2 Horas

Ingredientes

½ kg de lentejas
1 cebolla bien picada
3 dientes de ajo
1 cucharada de comino
1 cucharada de sal
1 cucharadita de pimienta negra
1 cucharada de salsa inglesa
2 ramas de cilantro picadito con sus tallos
1 cucharada de salsa de tomate
½ cucharadita de tomillo
2 lonjas de tocinetas
1 pimentón (pimiento) picadito o 4 ajíes dulces picaditos
1½ litros de agua

Preparación

Poner en una olla a hervir litro y medio de agua. Lavar las lentejas y colar en colador de alambre. Echar las lentejas a la olla, hervir a fuego alto, tapar y poner a fuego bajo.

Hacer un sofrito, a fuego medio/alto con las tocinetas picadas, agregar los ajos y la cebolla hasta marchitar. Agregar el resto de los ingredientes, excepto la sal y la salsa de tomate. Cocinar por veinte minutos a fuego moderado, destapado.

Llevar el sofrito a las lentejas, y seguir cocinando por una hora y media o el tiempo suficiente para que estén listas. Poner sal y la salsa de tomate. Revolver, y seguir cocinando por cinco minutos, tapadas.

Papas con tomillo y romero

6 porciones
45 minutos

Ingredientes

6 papas sin pelar cortadas en pedazos
2 cucharadas de aceite de oliva
1 cucharadita de sal
1 cucharadita de mantequilla
1 cucharadita de pimienta negra
2 cucharadas de romero picadito
2 cucharadas de tomillo
1 limón

Preparación

Lavar muy bien las papas con agua y limón. Secarlas y eliminarle los ojitos. Cortar en pedazos, condimentar con sal, pimienta, tomillo y romero, con el aceite y la mantequilla hasta que queden untadas todos los trozos por igual.

Llevar al horno precalentado a 350°F por treinta minutos, destapadas para que doren. Sacar del horno cuando estén cocidas. El tiempo depende de la calidad de las papas. Sirven para acompañar carnes o pescado.

Papas colombianas

6 porciones
30 minutos

Ingredientes

1 kg de papas colombianas (pequeñas)
½ kg de champiñones
1 cucharada de aceite
1 cucharadita de mantequilla
1 cucharadita de sal
4 dientes de ajo bien machacados

Preparación

Limpiar las papitas con agua y limón, quitar los puntitos y dejarles la piel. Picar los champiñones por la mitad, dejar los tallos, cortar las puntas, quitar la piel de los sombreritos, y esperar que sequen su líquido.

En una olla o sartén, freír los ajos en el aceite por diez minutos a fuego medio (que no se quemen), agregar los champiñones y luego agregar las papas.

Tapar por media hora aproximadamente, hasta que las papas estén cocidas. Agregar mantequilla y sal y revolver con tenedor, para que se unifique todo. Una vez listo, esparcir encima el perejil y quitar del fuego.

Servir como contorno en carne, pollo o pescado.

Papas con caviar

4 porciones
45 minutos

Ingredientes

4 papas blancas grandes
4 cucharadas de nata
4 cucharadas de mantequilla
½ cucharadita de sal
½ cucharadita de pimienta negra
4 cucharadas de caviar
Papel de aluminio

Preparación

Lavar muy bien las papas y revisar que estén muy buenas. Secarlas y cortarlas longitudinalmente. Hacerles cortes con el cuchillo, y poner dos cucharadas de mantequilla en esas aberturas. Envolver cada papa con papel de aluminio y llevar en bandeja aceitada al horno precalentado a 350°F por treinta minutos. Pasado el tiempo, sacar una para comprobar si están blandas. Dejarlas más tiempo si hace falta.

Sacar las papas del horno, quitar el papel con cuidado para no romper las papas, que dejaremos en el papel mientras se prepara. Sacar parte de las papas y hacer un puré, uniéndolo con dos cucharadas de mantequilla. Rellenar con este puré las cuatro papas, y llevar nuevamente al horno bien cubiertas con el papel de aluminio por cinco minutos, justo antes de servir.

Eliminar el papel de aluminio y servir cada papa, agregándole una cucharada de nata, y por último una cucharada de caviar a cada papa.

Sirve como entrada que se hace de inmediato.

Papas con crema al horno

6 porciones
45 minutos

Ingredientes

6 papas peladas y cortadas en ruedas
1 cebolla en rebanadas
1 taza de queso parmesano rallado
1 cucharadita de nuez moscada
2 cucharadas de mantequilla
¼ de crema de leche
½ taza de leche
1 cucharada de sal

Preparación

Colocar las papas en un molde refractario enmantequillado. Colocarle las cebollas por encima junto con el queso. Batir la leche con sal, nuez moscada y crema de leche. Cubrir las papas con esa crema. Poner mantequilla en el centro.

Llevar al horno precalentado, tapadas con papel de aluminio, a 350°F, por 35 minutos. Destapar cinco minutos antes para que tomen color dorado.

Pinchar con la punta de cuchillo para comprobar que estén cocidas. Sacar del horno cuando estén listas.

Pimentones rellenos

6 porciones
1 hora

Ingredientes

1 kg de carne de res molida
6 pimentones (pimientos), no grandes
1 cebolla
1 cucharada de vinagre balsámico
1 cucharadita de pimienta
1 cucharadita de tomillo
1 cucharada de aceite de oliva
1 cucharada salsa inglesa
1 cucharada de salsa 57
2 tomates sin piel ni semillas cortados
1 cucharadita de azúcar
1 cucharada de sal
1 cucharadita de alcaparras pequeñas
¼ de taza de vino rojo
6 envases pequeños refractarios

Preparación

Lavar los pimentones y secarlos. Cortar la parte de arriba (la tapa) y reservar. Sacar las semillas y la parte blanca. En una olla, agregar aceite a fuego alto, y luego la carne, dándole vueltas con cuchara de madera para freír un poco, unos diez minutos. Agregar la cebolla, y seguir cocinando cinco minutos más. Agregar los ingredientes restantes, sal y el vino. Cocinar a fuego lento por media hora con olla tapada.

Rellenar los pimentones con la carne, ponerles la tapa y asegurarlas con palillos. Poner cada uno en un envase refractario, tratando de mantenerlos parados. Llevar al horno precalentado, por veinte minutos a 350°F. Colocar los pimentones en una bandeja y remover con cuidado la piel.
Acompañar con arroz blanco u otro tipo, tostones o tajadas fritas de plátano

Consejos útiles
·Es preferible que los pimentones queden duritos. Así quedan bonitos y con mejor sabor.

Pira de berenjenas

6 porciones
35 minutos

Ingredientes

3 berenjenas medianas que tengan la piel suave (no muy oscuras), picadas en cuadritos.
1 cebolla morada bien picadita.
2 dientes de ajos machacados
2 ramas de cilantro, con tallos, bien picaditas
2 tomates sin piel, tipo perita (bien picados)
1 cucharadita de azúcar
½ cucharadita de pimienta
1 pimentón (pimiento) rojo picadito
1 cucharadita de salsa inglesa
2 cucharadas de aceite de oliva
1 cucharada de aceite de sésamo
1 cucharadita de salsa de soya (opcional)
Pimienta al gusto
1 cucharada de sal

Preparación

En una sartén, calentar a fuego mediano el aceite de oliva. Agregar los ajos y la cebolla. Esperar a que estén bien cristalinos. Agregar la berenjena con todos los ingredientes, menos el aceite de sésamo y la salsa de soya, que se ponen al final. Cocinar a fuego moderado por 35 minutos aproximadamente. Apagar la llama y quitar de la hornilla, poner salsa de soya y aceite de sésamo.

Buen acompañante para carnes o pescado.

Tomates rellenos con atún

6 porciones
15 minutos

Ingredientes

6 tomates tipo manzano (no pequeños)
1 cebolla mediana picadita (puede ser morada)
1 limón
1 cucharada de vinagre blanco
1 cucharadita de sal
2 latas de atún en aceite de oliva
4 cucharadas de mayonesa
1 cucharadita de mostaza
1 cucharadita de pimienta
Ramitas de perejil
1 cucharada de sal

Preparación

Cortar la tapa de los tomates, sacarles las semillas y algo del centro para poder rellenar. Colar lo que se sacamos del tomate en colador de alambre, y reservar en un envase. Botar las semillas y solo quedarse con el resto.

En un envase poner agua, limón y vinagre. Introducir los tomates boca abajo, para que tomen el gusto y no se impregnen de agua, solo por cinco minutos. Escurrir y secar por fuera.

Poner la cebolla picadita en limón y vinagre, macerar por diez minutos. Colar lo que se tenía del interior de los tomates y unir con tenedor al atún, la mayonesa, la mostaza, la cebolla, un poco del aceite del atún que trae la lata y rellenar los tomates. Adornar con hojitas de perejil.

Platos a Base de Huevo

Perico criollo

6 porciones
1 hora

Ingredientes

2 cebollas
4 tomates maduros
10 huevos
1 cucharadita de azúcar morena
1 cucharada de sal
2 cucharadas de aceite de oliva o cualquier buen aceite
2 cucharadas de mantequilla
1 cucharadita de pimienta

Preparación

En una sartén, apropiada para freír huevos, agregar el aceite y la mantequilla. Sofreír la cebolla bien picadita, a fuego lento, por unos veinticinco minutos, hasta que esté cristalina.

Mientras, quitar la piel a los tomates, eliminar las semillas y cortarlos picaditos utilizando un cuchillo plástico. Agregarlos a la sartén con el azúcar. Revolver y cocinar por veinte minutos más. Revolver los ingredientes ocasionalmente, utilizando un tenedor de madera.

Cuando se note que los tomates están listos, batir los huevos, con la sal y la pimienta. Agregarlos al tomate y la cebolla, revolviendo hasta lograr un revoltillo sueltecito. Cocinar aproximadamente por unos quince minutos.

Consejos útiles
• Excelente para desayuno en día feriado.
• Se acompaña con arepas, queso rallado, aguacate, mantequilla, caraotas negras refritas y tajadas de plátano frito.
• Se le puede agregar jamón endiablado.
• Hay quienes le agregan por encima tocinetas bien crujientes o jamón picadito, y queda igual de sabroso, pero el perico original es el que se ofrece en la receta.
• Se pueden agregar dos huevos más para ofrecerlo a ocho personas.

Berenjenas pasadas por huevo y mozzarella

6 porciones
30 minutos

Ingredientes

3 berenjenas
1 paquete de mozzarella de 400 gramos
3 huevos
1 taza de pan rallado
1 cucharadita de sal
2 cucharadas harina de trigo
¼ de taza de aceite para freír

Preparación

Picar las berenjenas a lo largo tipo tajadas. Remojar en agua y sal, y colar en colador de alambre. Secarlas, para freír a fuego alto por ambos lados. Al sacarlas ponerlas en papel absorbente.

Cortar lonjas de queso para hacer una especie de sándwich con las berenjenas, con el queso en el medio.

Batir los huevos con la sal y la harina. Pasar el sándwich por ese batido de huevo y luego por el pan rallado. Freír de nuevo por los dos lados, e ir poniendo en papel absorbente, hasta terminar. Si no se desean fritos, se pueden poner en una bandeja y se hornean a 350°F, hasta verse doradas y listas. Llevar a la mesa, de inmediato.

Huevos para desayuno

6 porciones
20 minutos

Ingredientes

150 gramos de jamón
150 gramos de queso blanco o amarillo
estilo facilista (cuadrado)
6 huevos
Sal al gusto
1 cucharada de mantequilla

Preparación

Enmantequillar un envase refractario. Poner el jamón en lonjas y agregar encima el queso. Luego abrir los huevos, y echar con cuidado, uno a uno, para que no se rompan. Agregar un poco de sal, no mucha para que no queden salados.

Poner mantequilla, algo derretida, por arriba. Llevar al horno precalentado, a 350°F, por doce minutos.

Soufflé de queso a la francesa

6 porciones
1 hora

Ingredientes

¼ de taza de mantequilla
¼ taza de harina de trigo
1 ½ tazas de leche
Sal al gusto
Pimienta de cayena al gusto
¼ cucharadita de nuez moscada

3 cucharadas de agua
1 cucharada de maicena
6 huevos, separadas las claras de las yemas
250 gramos de queso tipo cheddar, o parecido, rallado

Preparación

Calentar el horno a 375°F. Batir las claras a punto de suspiro y reservar.

Derretir la mantequilla a fuego lento en una cacerola. Agregar harina batiendo la mezcla con batidor de alambre, hasta que se vea homogénea. Mientras tanto, en otra cacerola poner la leche a fuego lento. Al hervir agregarla a la cazuela donde está la harina y batir bien para que no se formen grumos. Agregar sal, pimienta de cayena y nuez moscada.

Diluir la maicena en el agua, y agregar a la mezcla que estamos preparando, revolviendo muy bien. De inmediato, echar las yemas de los huevos y seguir batiendo. Dejar que todo se cocine a fuego lento durante treinta segundos. Retirar de la hornilla, añadir el queso, luego agregar la mitad de las claras batidas a punto de suspiro que habíamos reservado, revolviendo muy rápido para que quede homogénea. Finalmente, agregar la otra mitad de las claras revolviendo suavemente y despacio, con movimientos envolventes.

Pasar la mezcla del suflé a un envase apropiado y engrasado de dos litros y medio de capacidad. Llevar al horno precalentado, por cuarenta minutos, hasta que esté dorado y haya subido.

Consejos útiles
• Un buen soufflé, para que suba, según los franceses, dependerá de la mezcla de maicena y el agua, la cual ayudará que el aire contenido en las claras del huevo batido quede atrapado en la mezcla, y al meterse al horno, se dilate y aumente su tamaño. Además de darle volumen, también le da suavidad.

Tortilla española

6 porciones
45 minutos

Ingredientes

5 papas medianas peladas y rebanadas
1 cebolla grande o 2 medianas picadas
1 chorizo español preferible extremeño o parecido
1 cucharada de aceite de oliva
1 cucharada de mantequilla
1 cucharada de sal
8 huevos
¼ cucharadita de harina de trigo
1 pizca de nuez moscada

Preparación

En una sartén buena para tortilla, sofreír la cebolla a fuego lento, en el aceite y mantequilla, hasta ver la cebolla cristalina, unos quince minutos aproximadamente. Agregar el chorizo picadito, y las papas rebanadas delgadas. Mantener a fuego bajo, por unos veinticinco minutos, revolviendo con cuchara de madera hasta que las papas están cocidas.

Mientras tanto, batir las claras de huevo, agregar las yemas y la harina. Seguir batiendo, hasta lograr que la mezcla esté homogénea. Agregar la cucharadita de sal y pimienta y una pizca de nuez moscada.

En un recipiente, unir todo el contenido para elaborar la tortilla. Revolver y llevar a la sartén. Cocinar tapado, a fuego bajo, por unos quince minutos. Revisar y mover con cuidado con una espátula por los lados y asegurarse de que nuestra tortilla pueda ser volteada. Para hacerlo, con un plato o con la misma tapa, se voltea con cuidado y se lleva de nuevo a la sartén, por la parte no cocida, para terminar la cocción, y esté dorada y apetitosa.

Consejos útiles
- Es una comida informal estilo tapas, excelente para compartir.
- De no ser experto en el volteado, se pueden hacer dos tortillas, utilizando los mismos elementos.
- Es recomendable que la sartén no sea muy grande y tener buen teflón para que no se pegue. Siempre cocinar huevos a fuego bajo.

Tortillas

6 porciones
30 minutos

Ingredientes

8 huevos batidos
½ cucharadita de harina de trigo
Pimienta al gusto
1 cucharada de sal
1 cucharada de mantequilla

1 paquete de hojas de espinacas lavadas sin tallos y picadas
1 paquete de queso mozzarella
2 cucharadas de aceite de oliva
1 cebolla mediana rebanada

Preparación

Poner el aceite en una sartén a fuego bajo. Sofreír la cebolla hasta verla cristalina, por unos quince minutos. Sacar de la sartén y reservar.

Batir los huevos con la harina diluida, sal, cebolla reservada y la pimienta. Agregar la espinaca picadita. Llevar de nuevo a la sartén la mitad del contenido con una cucharadita de aceite, si hiciera falta. Cubrir con el queso rebanado y echar el resto del batido. Esperar quince minutos. Voltear la tortilla para que se cocine por ambos lados.

Para el volteado, nos podemos ayudar con un plato o una tapa del tamaño de la sartén, o simplemente con la espátula de huevos, voltear dos de los extremos hacia el centro para formar una especie de sobre. Luego, esperar cinco minutos para que se cocine por dentro.

Variantes

Tortilla con champiñones y cebolla: repetir la misma operación, solo que se sofríen ¼ kg de champiñones picaditos con tres dientes de ajo machacados, igual con aceite y mantequilla, por quince minutos. Secar el agua que sueltan. Unirlo a la cebolla y seguir la misma operación anterior.

Tortilla de jamón y queso: agregar queso amarillo, una taza de cebollín, acelgas bien picaditas y cebollas sofritas, siguiendo el mismo concepto. Colocar lonjas de queso al gusto. Siempre a fuego bajo. Se pueden hacer más pequeñas individuales para facilidad al cocinarla.

Consejos útiles

• Los huevos siempre se cocinan a fuego bajo.
• La sartén no debe estar muy caliente al inicio de la cocción, y continuar a fuego bajo para evitar que se quemen o se peguen.
• Para ocho comensales, hacerla con diez huevos.

Tostadas francesas

6 porciones
30 minutos

Ingredientes

4 lonjas de pan cuadrado blanco
½ taza de leche
1 cucharada de azúcar morena
2 huevos batidos
Miel o sirope al gusto
1 cucharada de aceite
½ cucharada de mantequilla
Canela al gusto

Preparación

Picar las lonjas de pan en forma triangular. Elaborar ocho tostadas.

Batir los huevos con la harina. Disolver el azúcar en la leche. Remojar una a una las lonjas de pan en la leche azucarada y pasarlas por la mezcla de huevo. Ambos lados del pan deben quedar cubiertos. Llevarlos a la sartén con el aceite y la mantequilla a fuego moderado. Freír por ambos lados hasta que estén doradas.

Se ponen en un plato para un desayuno apetitoso, acompañadas con sirope o miel y canela.

Ensaladas

Ensalada de colores

6 porciones
20 minutos

Ingredientes

¼ de paquete de arúgula (rúcula)
1½ paquetes de lechuga romana (bien cortada con cuchillo plástico)
2 pepinos pequeños en ruedas
6 palmitos en trozos pequeños
3 tomates tipo perita, picados en trozos
6 rábanos en ruedas, bien lavados en agua con limón
½ remolacha pequeña cruda rallada (no fina)

1 zanahoria mediana cruda rallada (no fina)
1 mango pintón picado en cuadritos
1 taza de perejil picado
1 pimentón (pimiento) anaranjado picado en juliana
1 pera madura cortada
½ taza de queso feta o amarillo en rebanadas delgadas

Vinagreta

1 cucharada de mostaza
¼ taza de aceite de oliva
1 cucharada de vinagre blanco
1 cucharadita de sal
2 cucharadas de miel de abejas
1 cucharadita de salsa inglesa
1 cucharadita de vinagre balsámico

Preparación

Unir todos los ingredientes que tenemos para la vinagreta. Batir por diez minutos con batidor de alambre o tenedor. Reservar.

Colocar en un envase lechuga, arúgula, pepinos, palmitos, tomates, zanahoria, remolacha, mango, perejil, pimentones y rábanos. Revolver con tenedor para distribuir los colores. Agregar el queso para finalizar con la preparación. Esperar el momento de servirla para colocar la vinagreta que hemos reservado. Mezclar suavemente con tenedor para que no pierda su encanto. Servir en una ensaladera transparente.

Ensalada de repollo y zanahoria

6 porciones
25 minutos

Ingredientes

1 repollo pequeño bien picado, pasado por agua hirviendo con sal y vinagre
1 cucharadita de sal
3 zanahorias medianas ralladas
½ taza de pedacitos de piña de lata (opcional)
2 latas de maíz en grano
½ taza de mayonesa
1 cucharadita de mostaza
1 cucharada de aceite de oliva
1 paquete pequeño de perejil picado

Preparación

Poner en una ensaladera el repollo con las zanahorias, la piña y el maíz bien escurrido. Batir la mayonesa, la mostaza y aceite de oliva, y agregar a la ensalada.

Adornar con hojitas de perejil. Es muy fácil de preparar y les gusta mucho a los niños. Si estos encuentran el sabor del perejil muy fuerte, se puede eliminar este ingrediente.

Ensalada césar

6 porciones
20 minutos

Ingredientes

2 lechugas romanas
2 tazas de queso parmesano rallado
½ de taza de aceite de oliva
1 lata de anchoas sin el aceite
2 dientes de ajo tostados
1 yema de huevo cocido
1 cucharadita de miel
½ cucharadita de mostaza
Croutons al gusto

Preparación

Lavar muy bien las lechugas y picarlas con las manos. Llevarlas muy bien escurridas a una ensaladera, preferiblemente de vidrio. Licuar el resto de los ingredientes (excepto los *croutons*). Con esta mezcla aderezar la lechuga y agregar los croutons.

Esta ensalada es muy apetitosa y fresca. Acompaña muy bien a unos buenos bistecs de churrasco con yuca hervida.

Ensalada de atún

4 porciones
15 minutos

Ingredientes

2 latas de atún medianas en aceite de oliva
½ cebolla blanca mediana bien picada
4 tomates pintones (tipo perita, picados sin semilla)
2 tallos de célery muy picados
1 cucharada de perejil picadito (reservar hojas para adornar)
½ taza de mayonesa
1 cucharada del aceite del atún
1 cucharada de mostaza
1 limón
2 cucharadas de vinagre blanco

Preparación

Macerar la cebolla en limón, media cucharadita de sal y el vinagre por unos diez minutos.

Colar en colador de alambre y añadir el atún desmenuzado y los demás ingredientes revolviendo con tenedor.

Poner en un recipiente de vidrio y adornar con hojitas de perejil.

Apropiado para un almuerzo liviano, acompañado con casabe horneado con mantequilla y queso rallado, o con pan tostado en el horno.

Ensalada de coditos con célery

6 porciones
25 minutos

Ingredientes

1 paquete mediano de coditos
4 tallos de célery bien picaditos
1 zanahoria rallada
1 cucharadita de sal
5 cucharadas de mayonesa
1 cucharadita de mostaza
1 cucharadita de salsa inglesa
1 cucharadita de aceite de oliva
1 lata de granos de maíz tierno
1 cucharadita de pimienta

Preparación

Cocinar los coditos al dente (el tiempo lo dice el paquete). Dejar enfriar un rato y escurrir muy bien. Agregar la zanahoria y los granos de maíz, también escurridos. Integrar con tenedor. Batir la mayonesa con la mostaza, salsa inglesa, aceite de oliva, sal y pimienta, hasta obtener una bonita salsa. Agregar la salsa a la ensalada, removiendo con un tenedor.

Ensalada de espinacas con arúgula y naranja

6 porciones
15 minutos

Ingredientes

1 paquete de espinacas
½ paquete de arúgula
2 naranjas (sin la piel, puede ser mandarina)

Vinagreta

¼ de taza de aceite
1 cucharada de vinagre blanco
1 cucharadita de vinagre balsámico
1 cucharadita de pimienta
1 cucharadita de sal
1 cucharadita de mostaza
1 cucharada de miel o agave
1 cucharadita de salsa inglesa
1 cucharadita de ralladura de concha de naranja

Preparación

Para elaborar la vinagreta, unir todos los ingredientes. Batir con batidor de alambre, hasta obtener una buena consistencia.

En una ensaladera de vidrio, poner las hojas de espinacas lavadas con agua y limón. Escurrir muy bien. Seguir el mismo procedimiento con las hojas de arúgula. De ser muy grandes las hojas de espinacas, se cortan un poco.

Pelar las naranjas, extraer los gajos, a los cuales se les quita el pellejito. Desmenuzar y agregar a la ensalada. Para finalizar se le agrega todo el contenido de la vinagreta moviendo con tenedor para que todo quede uniforme.

Una ensalada muy apetitosa, alimenticia y dietética. Se puede sustituir la miel por algún edulcorante dietético.

Ensalada de gallina

10 porciones
3 horas y 35 minutos

Ingredientes

1 gallina o 2 pollos
2 pechugas con hueso
3 zanahorias medianas
7 papas medianas
Frutas rojas para adorno
1 lata pequeña de guisantes
2 rebanadas de piña de lata (picada bien menuda)
2 manzanas rojas
1 manzana verde
1 tallo de célery bien picadito
Varias hojas de perejil para adornar
4 ramas de menta
4 ramas de cilantro
1 pote grande de mayonesa (o 2 medianos)
1 cucharadita de aceite de oliva
1½ cucharadas de sal
2 cucharadas de mostaza

Preparación

Poner a hervir tres litros de agua y una cucharada y media de sal. Limpiar la gallina con limón, quitar la grasa y la piel al máximo. Picar en trozos. Llevar a la olla junto con las pechugas, y cocinar por dos horas y media, tapadas, a fuego bajo.

Pasado ese tiempo, agregar las papas con su piel, las zanahorias y las ramas de menta y cilantro, atadas con un pabilo. Cocinar tapado por diez minutos a fuego bajo. Retirar las zanahorias, y seguir cocinando otros diez minutos hasta que las papas se hayan ablandado, reservar el consomé, y congelar para otra receta.

Destapar, probando con el filo de un cuchillo que las papas estén blandas. Apagar la olla, y drenar el líquido. Desechar las ramas. Poner los ingredientes en un envase para que se enfríen y comenzar con la elaboración de la ensalada.

Cortar en pedazos pequeños la carne de la gallina, las pechugas, descartando piel y huesos. Agregar el célery picadito y las manzanas en trocitos, las cuales antes remojamos en agua con una cucharadita de limón y una pizca de sal por cinco minutos, para que no se oscurezcan. Colar, en colador de alambre, y unirla al preparado. Agregamos la piña en pedazos menudos, la zanahoria y las papas (a las que se le ha retirado la piel) cortadas en cubos pequeños. Revolver con dos tenedores.

Batir la mayonesa con mostaza y aceite para lograr un solo color. Integrar a la ensalada. Revolver y llevar a una ensaladera apropiada. Agregar por encima guisantes bien escurridos, ramitas de perejil y diez frutas rojas para dar colorido a nuestra reina de las ensaladas.

Consejos útiles
• El consomé restante, producto de la cocción de la gallina y papas, se guarda y congela ya que sirve como complemento para otras recetas.

Ensalada de judías

8 porciones
2 horas

Ingredientes

½ kg de judías (o 3 latas, ya cocidas)
1 cebolla grande picadita macerada en limón y vinagre blanco
1 pimentón (pimiento) rojo o anaranjado picadito
1 paquete no muy grande de cilantro picadito con sus tallos
1 limón
3 cucharadas de aceite de oliva
1 cucharada de vinagre blanco
1 cucharada de vinagre balsámico
1 cucharada de sal
Varias aceitunas rellenas con pimentón
1 cucharadita de salsa inglesa
1 cucharada de miel
1 cucharadita de mostaza

Preparación

Remojar un día antes las judías lavadas y escogidas. Botar el agua, colocarlas en una olla con agua fresca, a fuego alto, por diez minutos. Pasado este tiempo, bajar la temperatura y cocinarlo tapado por una hora y media, dependiendo de su calidad. A veces, salen blandos los frijoles y a veces no. Probar antes de apagar el fuego para cerciorarse de su suavidad. Agregar la sal y continuar cocinando a fuego bajo, tapadas, por diez minutos más. Apagar y esperar a que se enfríen las judías. Colar en colador de alambre y reservar.

Poner a macerar las cebollas por quince minutos en el jugo del limón y vinagre. Hacer una la vinagreta con el aceite, miel, vinagres, pimienta, y la salsa inglesa. Agregar la cebolla, luego de colarla y escurrirla muy bien. Poner mostaza y cilantro picadito. Revolver con tenedor y agregar las judías, para una perfecta integración de todo el contenido de la ensalada.

Poner en una fuente y adornar con perejil picadito y las aceitunas. Se puede agregar otro tipo de frijoles de lata, pero una lata pequeña. Si el tiempo es limitado, se puede recurrir a las que vienen ya cocidas y enlatadas en diferentes marcas.

Ensalada de lechosa verde

8 porciones
30 minutos

Ingredientes

1 lechosa verde mediana, o pequeña, picada en tiras muy finas
2 tomates pintones cortados en juliana
6 vainas pequeñas, cortadas y blanqueadas previamente (hervidas por 10 minutos)
1 rama de cebollín (la parte blanca, cortado transversalmente)
1 mango pintón (que este duro) cortado en cubos
½ taza de salsa de soya
Semillas de ajonjolí tostadas
Maní pulverizado
1 trozo de papelón (o 5 cucharadas de azúcar morena)
1 limón
1 cucharada de aceite de oliva
Sal y pimienta al gusto

Preparación

Para hacer la vinagreta, poner en una olla pequeña a cocinar, a fuego medio media taza de salsa de soya, con el jugo de limón y el trozo de papelón rallado, hasta derretir. Agregar la sal, pimienta y reservar hasta enfriar.

Al momento de servir, unir todos los ingredientes a la vinagreta con un tenedor, y añadir por encima el aceite y espolvorear el maní.

Ensalada de pimentones de colores

8 porciones
30 minutos

Ingredientes

8 pimentones (2 verdes, 2 rojos, 2 amarillos y 2 color naranja)
4 cucharadas de aceite de oliva
2 cucharadas de vinagre balsámico
1 cucharada de vinagre blanco
1 cucharadita de sal
2 cucharadas de mostaza
2 cucharadas de miel
1 cucharadita de pimienta
1 cucharada de salsa inglesa

Preparación

Lavar los pimentones, secarlos y untarse aceite de oliva a cada uno. Poner en una bandeja. Precalentar el horno a 450°F. Hornear por ambos lados durante quince minutos. Cuando se vean arrugados, retirarlos del horno. Dejar enfriar un poco. Quitarles la piel, las semillas y las partes blancas. Luego, cortar cada pimentón en cuatro partes.

Preparar la vinagreta batiendo el aceite, los vinagres, la mostaza, la pimienta, la cebolla en polvo, la sal, la salsa inglesa y la miel, con el batidor de mano por unos diez minutos, hasta lograr que se vea una vinagreta bien consistente.

Unir los pimentones a la vinagreta justo antes de servirlos.

Ensalada de pollo

6 porciones
30 minutos

Ingredientes

3 pechugas de pollo
1 paquete de lechuga romana picada con
cuchillo plástico o con las manos
4 rábanos picados
½ zanahoria pequeña rallada
½ paquete de arúgula
½ paquete de berro cortado, con sus tallos
1 taza de queso amarillo cortado en cuadritos
(o cualquier otro que se pueda cortar igual)

Vinagreta

3½ cucharadas de aceite de oliva
1 cucharadita de pimienta negra
1 cucharada de salsa inglesa
1 cucharada de mostaza
1 cucharadita de sal
1 cucharada de vinagre balsámico
1 cucharada de miel o agave si se está a dieta

Preparación

Batir los ingredientes para la vinagreta con batidor de alambre hasta que todo esté unido.

Condimentar las pechugas con una cucharadita de sal, una cucharadita de salsa de soya (opcional), una cucharada de salsa 57 y una cucharadita de polvo de ajo. Sofreír en poco aceite por quince minutos. Tapar y seguir cocinando por diez minutos. Tratar de que las pechugas no sean gruesas y hacerlas a plancha para una cocción más rápida. Después de cocinado, retirar el pollo de la hornilla y dejarlo enfriar.

Desmenuzar el pollo, mezclarlo con los vegetales. Agregar la vinagreta al momento de llevar a la mesa, para que no se marchiten las hojas.

Consejos útiles
• Se pueden usar pechugas cocidas con anterioridad o pedazos de pollo que hayan quedado de otra comida y se mantenga en nevera.
• Perfecto para personas que quieran hacer dieta ligera.

Ensalada de remolacha

6 porciones
30 minutos

Ingredientes

6 remolachas pequeñas (o 4 grandes)
1 zanahoria (opcional)
1 cebolla picada
1 limón
1 cucharada de vinagre blanco
1 cucharadita de vinagre balsámico
3 cucharadas de aceite de oliva
1 cucharadita de mostaza
1 cucharadita de salsa inglesa
1 cucharadita de pimienta
1 cucharadita de sal
1 lata de atún en aceite (opcional)
3 cucharadas de mayonesa (opcional)
6 aceitunas rellenas con pimentón

Preparación

Sancochar las remolachas en dos tazas de agua con sal. Cocinarlas tapadas, a fuego lento, por media hora. Poner en remojo las cebollas con el jugo del limón por diez minutos. Quitar la piel de las remolachas y picar en tiras y unir a las cebollas. Tomar una taza del agua donde se sancocharon las remolachas, y hacer una vinagreta con el aceite, mostaza, salsa inglesa, pimienta y los vinagres. Batir muy bien y unirla a todos los ingredientes. Por último, agregar las aceitunas picaditas.

Colocar la ensalada en un frasco de vidrio con tapa, y llevar a la nevera para cuando se quiera consumir.

Si se decide agregar el atún, se le pone la mayonesa y la zanahoria, la cual se puede sancochar con la remolacha en la misma olla, procurando que no quede muy suave, por unos diez minutos.

Ensalada diplomática

8 porciones
20 minutos

Ingredientes

3 peras maduras
3 manzanas (1 verde)
3 melocotones envasados
Varias frutas deshidratadas
Una lata pequeña de ensalada de frutas
1 paquete de queso crema
Un ramo de uvas verdes sin semillas
1 taza de crema de leche
3 ruedas de piña

Preparación

Cortar las manzanas tipo pétalos, sin pepas ni piel. Picar las peras de igual manera. Poner las manzanas en agua con sal y limón. Cortar los melocotones en ruedas y las uvas por la mitad. Remojar las frutas secas en agua por diez minutos. Batir el queso crema con la leche.

En una ensaladera, tipo bandeja, poner todas las frutas, incluyendo las frutas deshidratadas bien escurridas y la lata de ensalada de frutas. Agregar la crema y remover con un tenedor hasta que todos los ingredientes luzcan de forma armoniosa.

Esta ensalada se sirve para acompañar pavo o cerdo (cochino).

Ensalada verde

6 porciones
15 minutos

Ingredientes

½ paquete de hojas de espinaca (picadas si son grandes)
1 lechuga romana (o de otro tipo, picada con las manos o cuchillo plástico)
½ paquete de berro (picados con sus tallos)
½ paquete de arúgula
2 ramas de célery (con tallos bien picados)
2 ramas de cilantro (con tallos bien picados)
1 tallo de célery (picado en trozos delgados)
1 lata pequeña de alcachofas
½ lata pequeña de palmitos
1 pepino (firme y bien verde, cortados en ruedas con su concha)
1 aguacate

Vinagreta

2 cucharadas de miel (o agave)
1 cucharadita de pimienta negra
1 cucharada de sal
¼ taza de aceite de oliva
1 limón
1 cucharada de vinagre balsámico
1 cucharadita de salsa inglesa
1 cucharadita de mostaza

Preparación

Para la vinagreta, batir muy bien por diez minutos todos los ingredientes con batidor de alambre.

Lavar el berro, espinaca, arúgula, y las hojas de célery y cilantro con agua y limón. Escurrir en colador de alambre. Llevar todos los ingredientes (excepto los aguacates, los cuales picaremos al final para evitar que se oscurezcan) a una ensaladera de vidrio o cristal. Agregar los aguacates y revolver muy suave con tenedor y unificar todo el contenido. Agregar la vinagreta al momento de servir.

Pico de gallo

6-8 porciones
15 minutos

Ingredientes

1 cebolla grande (blanca o morada)
5 tomates pintones
1 pimentón (pimiento)
1 ramita de perejil con sus tallos picaditos
1 ramita de cilantro con sus tallos picaditos
1 cucharadita de vinagre balsámico
1 cucharadita de vinagre blanco
1 cucharadita de sal
El jugo de un limón
3 cucharadas de aceite de oliva
Picante al gusto

Preparación

Picar la cebolla en forma menuda, macerar en el jugo del limón y el vinagre blanco por cinco minutos. Picar los tomates en cuadritos sin las semillas, de igual manera el pimentón y las ramitas de cilantro y perejil. Escurrir las cebollas en colador de alambre, y unir al resto de los ingredientes en un envase de vidrio.

El pico de gallo es un buen acompañante para carnes a la parrilla.

Carne de Res, Puerco y Aves

Res

Asado negro (criollo)

10 porciones
3 horas y 10 minutos

Ingredientes

2 kg de carne para asado (muchacho cuadrado o redondo)
8 dientes de ajo machacados
3 pimentones (pimientos), preferiblemente verdes, picados
1 zanahoria pequeña picada
3 cebollas medianas picadas
3 hojas de célery picaditas
2 ramitas de cilantro picadas con sus tallos
2 cucharadas de alcaparras
1 cucharada del líquido de las alcaparras
8 aceitunas rellenas con pimentón
1½ tazas de vino rojo
2 cucharadas de encurtidos picaditos
1 cucharada de comino
1 cucharadita de tomillo fresco picadito o en polvo
2½ cucharadas de papelón rallado o azúcar morena
2 cucharadas de salsa inglesa
2 cucharadas de salsa 57
1 cucharada de vinagre balsámico
1 cucharada de vinagre blanco
3 cucharadas de aceite de buena calidad
1½ cucharaditas de pimienta negra
1 cucharadita de romero
3 tazas de agua caliente
1 cucharada de sal

Preparación

Condimentar la carne tres horas antes (preferible un día antes), con los ajos, el tomillo, comino, salsa inglesa, salsa 57, las alcaparras y una cucharada de su líquido, romero, vino, pimienta y vinagres. Cubrir con papelón. Guardar tapado en nevera.

Tener a mano, un caldero o una olla gruesa apropiada para cocer la carne que ya tenemos en maceramiento. Escurrir bien la carne (secar un poco). Agregar aceite al caldero y sofreír la carne por ambos lados, primero a fuego alto, y luego a moderado, por veinticinco minutos. A medida que se va dorando, voltear la carne y echarle una cucharadita de papelón rallado.

Subir la llama por cinco minutos, seguir volteando con tenedor largo, para que se cocine uniformemente el asado. Agregar las cebollas, pimentones, encurtidos, cebollas, hojas de célery, cilantro y las zanahorias, revolviendo para lograr hacer una especie de sofrito, sin exceder la fritura para que no se quemen. Tener cuidado porque el papelón de por sí, lo oscurece.

Agregar todo el contenido que quedó en el envase como resultado del maceramiento de la carne. Bajar la llama, y agregar sal y tres tazas de agua caliente para seguir cocinando a fuego bajo, tapado por dos horas y media. Apagar el fuego y extraer la carne. Esperar unos 10 minutos a que repose en una tabla. Cortar la carne en rebanadas finas con cuchillo afilado o eléctrico.

Para elaborar la salsa
Esperar a que se enfríe un poco el contenido de la olla donde cocinamos la carne. Lo llevamos a la licuadora hasta convertirlo en una salsa. Regresamos esa salsa a la olla. Agregar vino y llevarlo a fuego alto, hasta que hierva, y luego a fuego bajo, por quince minutos. La salsa debe quedar oscura. Yo procuro no quemarla mucho, porque lo hago a mi estilo, pero en verdad su sabor es igual.

Finalizar
Después de que la salsa esté lista, agregar las rebanadas de carne, revolviendo un poco para unificar todos los elementos y que espese más la salsa.

De estar muy líquida la salsa, se sube la llama para secar un poco para que espese. Agregar gotas picantes al gusto. Cocinar por cinco minutos y listo.

Cortar las aceitunas en mitades y agregarlas encima del asado para una bonita presentación al momento de llevar a la mesa.

Acompañar con arroz blanco, caraotas y tajadas fritas de plátano maduro.

Bistec a caballo

4 porciones
25 minutos

Ingredientes

4 bistecs de pulpa negra o solomo de cuerito
3 cebollas blancas medianas rebanadas
1 cucharada de vinagre balsámico
2 cucharadas de aceite de oliva
1 cucharada de aceite de buena calidad
1 cucharada de salsa inglesa
1 cucharadita de sal
1 cucharadita de pimienta negra
4 huevos

Preparación

Condimentar los bistecs con vinagre, salsa inglesa, salsa 57, pimienta y sal.

En un sartén, poner a sofreír las cebollas en el aceite por veinticinco minutos a fuego moderado hasta que estén cristalinas. Echar una pizca de sal. Pasar a un envase y reservar. Sofreír cada bistec por ambos lados uno a uno a fuego alto por dos minutos, para que no suelten su jugo. Tratar de que la cocción sea a término medio y que no se endurezcan. Dejarlos en la sartén y agregar por encima de cada bistec las cebollas reservadas. Freír uno a uno los huevos en un sartén aparte.

Servir cada bistec agregándole el huevo encima, y llevar a la mesa.

Acompañar con papas fritas o con papas al vapor. Otra posibilidad pueden ser tostones o yuca. (Este es un plato muy típico venezolano).

Bistec de hígado de res

6 porciones
35 minutos

Ingredientes

1½ kg de bistec de hígado de res
(eliminar pellejos)
2 cebollas blancas medianas (picadas
en rebanadas)
1 cucharada de salsa inglesa
1 cucharada de vinagre balsámico
1 cucharadita de pimienta
1 cucharadita de tomillo
½ taza de leche
1 cucharada de sal
1 cucharada de aceite de oliva
1 cucharada de mantequilla

Preparación

Remojar los bistecs con sal y leche por media hora. Mientras tanto, sofreír la cebolla y ajos en el aceite y mantequilla a fuego moderado en una sartén adecuada por veinte minutos, esperando a que estén marchitos para sacar y reservar.

Escurrir los bistecs y reservar la leche. Llevar a la sartén con el aceite y mantequilla a fuego alto y freír uno a uno por un minuto, por cada lado, hasta terminar con todos. Es un procedimiento que puede durar unos diez minutos aproximadamente. Agregar inmediatamente la pimienta, tomillo, cebolla, ajos y leche reservada con la cucharadita de vinagre. Revolver con tenedor y esperar dos minutos a que hierva todo. Bajar la llama y cocinar por 5 minutos más.

Retirar del fuego y servir. Acompañar con puré de papas o arroz blanco.

Bistec encebollado con champiñones

8 porciones
30 minutos

Ingredientes

8 bistecs de solomo de cuerito o medallones
2 cebollas medianas rebanadas
2 cucharaditas de sal
1 cucharadita de pimienta
3 dientes de ajo machacados
½ kg de champiñones
1 cucharadita de vinagre balsámico
1 cucharadita de salsa inglesa
2 cucharadas de aceite de oliva

Preparación

Condimentar los bistecs con vinagre, salsa inglesa y pimienta. En un sartén grande, poner el aceite con la mantequilla y sofreír los ajos y la cebolla, primero a fuego alto por cinco minutos e ir bajando el fuego hasta que estén cristalinos. Limpiar los champiñones, quitar la piel de sus sombreros y la parte dura de sus tallos, cortarlos por la mitad. Agregar los champiñones, la pizca de sal, y cocinar a fuego moderado, por quince minutos hasta que dejen de soltar líquido.

Pasar este contenido a un envase para seguir en el sartén que estamos utilizando. Agregar más aceite, y continuar con la cocción de los bistecs.

Cocinar los bistecs, uno a uno por ambos lados, a fuego alto hasta que estén a término medio, procurando que no se endurezcan. En la última volteada, poner sal. Se van colocando en una bandeja.

Al terminar, se regresan los bistecs a la sartén y se le agregan los champiñones. Se dejan a fuego moderado por dos minutos. Se puede acompañar con puré de papas y zanahoria, o una pira de berenjena, o papas horneadas o al vapor con perejil picadito por arriba.

Carne a la jardinera

6 porciones
3 horas

Ingredientes

1½ kg de carne de res (tipo ganso cortado en cuadritos)
1 cebolla blanca mediana picada
2 dientes de ajo machacados
1 zanahoria picada en cuadritos
3 papas medianas picadas en dados
1 pimentón (pimiento) picadito
3 tomates
1 pimentón (pimiento) verde cortado en juliana
1 berenjena picada en cuadritos en dados
1 calabacín picado en dados
1 tallo de célery en cortes pequeños

1 cucharada de sal
1 cucharada de pasta de tomate
1 cucharadita de azúcar morena
1 taza de caldo de pollo o carne o hecho con cubito
1 cucharada de salsa 57
½ taza de vino rojo
1 cucharada de salsa inglesa
1 cucharadita de pimienta
1 cucharadita de tomillo
2 cucharaditas de alcaparras pequeñas o normales picaditas
2 cucharadas de aceite de oliva

Preparación

En una olla o caldero, poner el aceite a fuego alto. Agregar la carne poco a poco para que no suelte agua por quince minutos, moviendo con tenedor. Cortar los tomates con cuchillo plástico o con las manos, eliminar las semillas y piel. Sofreír los ajos y la cebolla por quince minutos, luego agregar el pimentón, tomates y alcaparras. Bajar a fuego medio. Agregar el vino, la sal, la salsa inglesa, la salsa 57, el vinagre, el azúcar, la pimienta, y las dos tazas de caldo. Tapar y continuar cocinando por una hora y media a fuego lento.

Se toman los ingredientes restantes, y se unifica todo, excepto el pimentón que se agregará al final. Revolver con tenedor e ir integrando todos los elementos. Se cocinan en la olla tapada a fuego moderado por media hora. Finalizado el tiempo, revolver con tenedor, y agregar los pimentones previamente sofritos en aceite. Seguir la cocción por cinco minutos. Apagar y retirar de la hornilla. Se puede acompañar con arroz amarillo.

Carne de res con vegetales

6 porciones
30 minutos

Ingredientes

1 kg de bistec (pulpa negra o solomo)
2 cebollas rebanadas
2 pimentones (pimientos)
2 tallos de célery picado en rebanadas pequeñas
1 calabacín picado
1 zanahoria picada en taquitos pequeños
1 paquete pequeño de brotes de soya
1 cucharada de aceite de oliva
1 cucharadita de aceite de sésamo
1 cucharada de salsa de soya
1 cucharadita de sal

Preparación

En una sartén, calentar el aceite de oliva para sofreír a fuego moderado la cebolla, y esperar a que se ponga cristalina. Agregar el calabacín, el célery, la zanahoria (los cuales también se pueden rallar gruesos). Revolver con un tenedor.

Agregar la carne picada en tiras. Subir la temperatura procurando que no se cocine mucho. Incorporar los brotes de soya. Dejar a fuego alto por quince minutos. Echar la sal, la salsa de soya y gotas de aceite de sésamo.

Carne de res en tiras

8 porciones
45 minutos

Ingredientes

1 kg de carne de res (pulpa negra, o carne de primera calidad, cortada en tiras)
2 cebolla medianas
1 rama de cebollín cortado (solo la parte blanca)
2 pimentones (pimientos) cortados en juliana, no menudos
2 tallos de célery cortados en dados
1 calabacín cortado en trozos pequeños
1 zanahoria rallada no muy fina
1 cucharada de aceite de oliva o de otro tipo
1 cucharadita de aceite de sésamo
1 cucharada de salsa de soya
1 cucharadita de sal

Preparación

Condimentar la carne con el vinagre salsa inglesa, la sal, pimienta y salsa 57. Poner una cucharada de aceite en una sartén o caldero, a fuego moderado. Sofreír la cebolla hasta estar cristalina, luego, agregar el calabacín, el pimentón, la zanahoria y el célery. Agregar la carne a la sartén e ir dándole vueltas con tenedor. Cuando esté cocido el calabacín, agregar la salsa de soya y el aceite de sésamo. Cocinar por media hora, evitando que la carne se cocine mucho, debe quedar a término medio y los pimentones un poco duros o crujientes. Se acompaña con arroz o batatas (sweet potatoes), también puede ser yuca.

Carne mechada

8 porciones
3 horas y 30 minutos

Ingredientes

2 kg de carne de res tipo falda (fácil para desmechar)
3 tomates maduros (sin piel ni semillas, bien picados)
2 pimentones de diferentes colores (uno picadito y otro picado en julianas)
2 ajíes dulces picados
2 cebollas medianas blancas (picados finamente)
2 dientes de ajo machacados
1 cucharadita de comino
1 cucharadita de pimienta
1 cucharadita de tomillo
3 ramitas de cilantro
3 tallos de célery
3 ramitas de yerbabuena
1 cucharada de sal
1 cucharada de vinagre balsámico o vinagre blanco
¼ taza de vino rojo
1 cucharadita de azúcar
1 cucharada de salsa 57
1 cucharada de salsa inglesa
1 cucharada de alcaparras pequeñas
8 aceitunas rellenas de pimentón (picadas por la mitad)
2 cucharadas de aceite onotado (Receta en la sección de Salsas y Vinagretas)
2 cucharadas de encurtidos bien picados
2 litros de agua

Preparación

Poner a hervir los dos litros agua en una olla o caldero grande. Agregar la carne con ramas de cilantro, yerbabuena o menta, y célery, atadas con pabilo. Bajar el fuego, tapar la olla y cocinar por dos horas y media o hasta que la carne esté suave para desmechar. Sacarla de la olla y esperar que se enfríe. Eliminar las ramas, y reservar el caldo.

En una sartén o caldero grande, poner el aceite onotado, agregar los ajos, la cebolla, los ajíes y el pimentón picado, y cocinar a fuego moderado por veinte minutos. Continuar con la pimienta, el comino, el cilantro y el tomillo. Añadir azúcar, luego los tomates, encurtidos y seguir cocinando tapado a fuego bajo por media hora. Pasado ese tiempo, apagar, reposar y llevar a la licuadora o procesadora. Reservar en la sartén donde hemos elaborado el sofrito.

Desmechar muy finamente la carne, y unir a la mezcla que tenemos en la sartén. Revolver con tenedor e ir agregando la salsa 57 y la salsa inglesa, el vinagre balsámico, la sal, las alcaparras y la taza del caldo del cocido de la carne, un poco de vino. Seguir cocinando por veinte minutos, destapado, a fuego medio. Poner el vinagre y las aceitunas. Revolver de nuevo para que luzca de forma armónica.

Sofreír en aceite de oliva los pimentones que se tienen cortados en juliana, por ocho minutos, y agregarlos por encima de la carne, junto a las aceitunas. Estos ingredientes le darán un buen colorido a la carne mechada. Revisar que haya secado un poco. De no ser así, subir la llamar y secar un poco más.

Acompañarlo con arroz blanco, caraotas y tajadas fritas.

Consejo útil
• El resto del caldo se puede refrigerar para alguna sopa, por ejemplo, una sopa de cebolla.

Filet mignon con queso roquefort

6 porciones
30 minutos

Ingredientes

6 medallones de carne de lomito de 1 ½ centímetros de alto
6 lonjas de tocineta
1 cucharadita de salsa inglesa
1 cucharadita de vinagre balsámico
1 cucharadita de vinagre blanco
2 cebollas medianas blancas (rebanadas y caramelizadas)

6 pedacitos cuadrados de queso azul o roquefort
Pimienta al gusto
½ cucharadita de sal
1 cucharadita de miel de abejas
1 ½ cucharadas de aceite de oliva
1 cucharada de mantequilla

Preparación

Condimentar la carne con la salsa inglesa, los vinagres, la pimienta y algo de sal. Sofreír las lonjas de tocineta, dejarlas reposar. Cubrir el contorno de cada medallón con tocineta, fijándola con palillos. En una sartén, freír la cebolla en mantequilla y una cucharadita de aceite a fuego bajo, por quince minutos, revolviendo de forma continua hasta que queden cristalizadas.

Agregar miel de abejas. Revolver, quitar del fuego y reservar.

Agregar aceite y mantequilla de ser necesario, y freír cada medallón por ambos lados a fuego alto, asegurándose de que queden cocidos a término medio. Una vez listos cubrir cada uno de los medallones con un pedazo de queso azul y la cebolla reservada para lograr una agradable combinación.

Cocinar tapado un minuto a fuego alto, para que el queso se derrita. Quitar los palillos, y llevar a la mesa con un buen contorno que puede ser papas al vapor y vegetales salteados con espárragos.

Consejos útiles

- Si se hace para una cena especial, se recomienda como entrada una crema o un consomé.
- Si no deseas usar el queso azul, se puede cambiar por salsa bearnesa y queda igual de delicioso.
- Las lonjas de tocineta se sofríen antes, y no deben quedar muy crujientes para que sea más fácil cubrir los medallones.

Gulash a lo venezolano

8 porciones
3 horas

Ingredientes

2 kg de pulpa negra o lomito (cortado en cubos pequeños)
3 lonjas de tocineta (o ½ taza de panceta picada en trozos menudos)
2 cebollas blancas medianas bien picadas
2 dientes de ajo machacados
3 tomates picaditos (sin piel, ni semillas)
2 ajíes dulces bien picados
2 cucharadas de pasta de tomate
1 cucharada de salsa inglesa
4 tazas de caldo de carne
1 cucharadita de pimienta
1 cucharadita de tomillo
Salsa picante al gusto
1 cucharada de sal
1 cucharadita de azúcar
8 papas medianas (picadas en cuadritos)
1 cucharada de aceite de oliva
1 cucharadita de mantequilla
1 taza de vino rojo
2 cucharadas de salsa 57
2 cucharadas de salsa inglesa
2 cucharadas de harina de trigo tostadas o maicena

Preparación

En una olla o caldero, sofreír la tocineta, ajos y cebolla con la mantequilla y aceite, por veinte minutos a fuego moderado, hasta que la cebolla luzca cristalina y la tocineta esté bien cocida. Agregar la carne, los pimentones, ajíes tomates, revolver para que todo se integre y seguir cocinando por veinte minutos. Este proceso dura cuarenta minutos en total.

Bajar el fuego y agregar el caldo, la sal, pimienta, pasta de tomate, salsa inglesa, salsa 57, el vino y el azúcar. Tapar y cocinar por dos horas, hasta que la carne esté muy suave. Agregar las papas y revolver con tenedor, y continuar cocinando por quince minutos, con la olla tapada. En cuanto las papas ya están blandas, destapar, y agregar la harina tostada o maicena y revolver con cuchara de madera para un buen cuajado.

Agregar unas gotas de picante. Revolver por cinco minutos cuando debería estar lista la sopa. Retirar del fuego, y esperar que el gulash esté frío para llevar a la nevera y quitar el exceso de grasa que se ha acumulado en la parte de arriba.

Esta sopa se sirve bien caliente, y se aconseja cocinar en la mañana para una cena informal.

Lengua en salsa

8 porciones
3 horas y 30 minutos

Ingredientes

Una lengua de res grande o 2 medianas
3 tazas de agua
1 cebolla morada o blanca grande en trozos (o 2 medianas)
5 dientes de ajo machacados
1 pimentón (pimiento) picado
4 ajíes dulces picados
4 tomates picados (sin semilla y piel)
1 cucharada de salsa 57
1 cucharada de salsa inglesa
1 cucharada de vinagre blanco
1 cucharada vinagre balsámico
1 cucharadita de tomillo
1 cucharadita de azúcar morena
1 cucharadita de alcaparras
Salsa picante al gusto
1 taza de vino rojo
1 cucharada de sal
2 limones

Preparación

Remojar la lengua en agua con el jugo de los limones por quince minutos. Desechar esa agua. Lavar y raspar un poco (no quitar la piel). Llevar la lengua limpia a un caldero, o una olla apropiada, con el agua hirviendo. Mientras, en una sartén aparte, sofreír la cebolla, el pimentón, los ajíes, los encurtidos, los ajos, el tomillo y los tomates en aceite por quince minutos, a fuego moderado. Agregar este sofrito a la olla donde se cocina la lengua y añadir el vino, salsa inglesa, salsa 57, vinagre y las alcaparras. Tapar y seguir cocinando a fuego bajo por tres horas.

Retirar la olla del fuego. Extraer la lengua y esperar unos quince minutos que enfríe para quitar el pellejo que la cubre. Rebanar de forma transversal, tipo tajada y reservar.

Llevar el contenido de la olla junto el caldo de la cocción de la lengua a la licuadora, y hacer una salsa, la cual se lleva a la olla de nuevo. Se integra la lengua, ya rebanada, se le agrega sal, y se sigue cocinando por quince minutos para que se integren todos los sabores. Secar un poco si la salsa se ve líquida. Se ofrece con arroz, tostones de plátano o tajadas fritas.

Lomito al stroganoff

8 porciones
1 horas y 15 minutos

Ingredientes

1½ kg de lomito de res (parte de la res muy suave)
3 cebollas medianas picadas bien menudas
2 pimentones picados bien menudos
2 dientes de ajo bien machacados
2 cucharadas de encurtidos bien picaditos
1 cucharada de alcaparras pequeñas picaditas
1 cucharadita de pimienta
1 cucharadita de tomillo
1 cucharada de salsa inglesa
1 cucharada de vinagre balsámico
¼ taza de coñac o ron
¾ taza de crema de leche
1 cucharadita de mostaza
1 cucharadita de salsa 57
2 cucharadas de aceite de oliva
1 cucharada de mantequilla
1 paquete pequeño de champiñones

Preparación

Picar la carne de lomito en tiras delgadas y reservar. Luego sofreír a fuego lento las cebollas y los ajos, en aceite y mantequilla, hasta que la cebolla esté cristalina. Agregar pimentones, encurtidos, alcaparras, tomillo y pimienta, a fuego moderado, destapado por veinte minutos. Revolver con tenedor de madera. Colocar sal, mostaza y champiñones limpios a los que se les han eliminando las partes duras.

Esperar que seque su líquido, y cocinar por unos quince minutos adicionales.

Cuando esté listo el sofrito, ir agregando muy despacio la carne, subiendo la llama para que no suelte agua y así evitar que se sancoche. Dar vuelta a las tiras del carne, usando un tenedor y seguir sofriendo por quince minutos. Agregar el coñac o ron, y prender un fósforo para flambear el lomito. Añadir la crema de leche, revolver por dos minutos y llevar a la mesa.
Se acompaña con arroz, preferible blanco o amarillo.

Consejos útiles
- Agregar la crema solo en el momento en que se va a servir, y calentar antes si se ha enfriado.
- Este plato se puede elaborar con antelación.

Muchacho cuadrado de res frío

10 porciones
3 horas

Ingredientes

2 kg de carne de res (muchacho cuadrado)
1 cucharada de vinagre balsámico
1 cucharadita de vinagre blanco
¼ taza de vino rojo
1 cucharada de sal
1 cucharadita de pimienta
1 cucharadita de hojitas de tomillo
1 cucharadita de hojitas de romero
1 cebolla rallada
6 cebollitas en vinagre cortadas
4 dientes de ajo machacados
4 ajíes dulces bien picados
4 hojas de célery bien picaditas
1 cucharada de mostaza
2 tallos de célery cortados en ruedas
1 cucharada de salsa inglesa
1 frasco pequeño de aceitunas rellenas de pimentón
1 cebolla cortada a la juliana
1 cucharada de vinagre blanco
1 cucharada de alcaparras picaditas
1 frasco de pimentones (pimientos) cocidos sin piel
2 pepinos cortados en ruedas que estén verdes y duros
1 taza de ramitas de coliflor
1 zanahoria cortada en ruedas (pueden ser de frasco)
1 pimentón (pimiento) cortado en juliana
3 papas peladas cortadas en rebanadas delgadas

Preparación

Condimentar la carne con vinagre balsámico, vinagre blanco, salsa inglesa, tomillo, romero, sal, las hojas de célery picadas, la cebolla rallada, ajos machacados, pimienta y alcaparras. Dejar reposar por dos horas bien tapado, en la nevera.

Pasado el tiempo, escurrir la carne y llevarla a un caldero con el aceite bien caliente. Dorar por ambos lados, a fuego moderado. Es un proceso que puede durar media hora. Luego, agregar el vino, los ajíes picaditos y dos tazas y media de agua bien caliente. Bajar el fuego, tapar y cocinar por dos horas y media. Una vez que la carne esté lista se saca de la olla, y se lleva a la nevera para enfriar.

La carne fría se corta en forma transversal en lonjas delgadas, y se regresa a la nevera. Colar el caldo que quedó en la olla, y ponerlo a hervir incorporando la canela, el azúcar, media cucharadita de sal, el vinagre blanco, las papas en rebanadas delgadas, los pepinos, la zanahoria, cebolla en juliana, las ramitas de coliflor, tallos de célery y el pimentón en juliana. Cocinar destapado por unos quince minutos, hasta que las papas estén blandas. Eliminar la canela y sacar cuidadosamente los vegetales. Colar el caldo y reservar media taza para hacer la vinagreta. Poner a enfriar.

Para preparar la vinagreta, colocar en un envase la media taza del caldo, tres cucharadas del vinagre de las aceitunas, mostaza, salsa inglesa, la cucharada de miel, vinagre balsámico, dos cucharadas de aceite de oliva. Batir con batidor de alambre en forma continua de unos cinco a diez minutos para unificar los elementos.

Colocar la carne en una bandeja. Agregar todos los vegetales, las aceitunas, y los vegetales en forma armónica, agregando la vinagreta para que se integren los sabores.

Adornar con pimentones en juliana, cebollitas, aceitunas y ramitas de perejil.

Consejos útiles
- Es ideal para una comida informal estilo tapas.
- La carne se puede condimentar un día antes.
- El caldo de carne se puede guardar en el congelador para otra receta.

Rosbif de carne de res y champiñones (opcional)

8 porciones
2 horas

Ingredientes

1½ kg de ganso de carne de res o lomito
1 paquete mediano de champiñones
2 cebollas medianas blancas picadas
2 pimentones picados
6 dientes de ajo machacados
2 tallos de cebollín (la parte blanca)
3 ajíes dulces picados (opcional)
1 zanahoria mediana picada
1 cucharada de salsa inglesa
1 cucharada de salsa 57
1 cucharadita de pimienta
6 hojas de célery bien picadas
½ taza de vino rojo
1 cucharadita de mostaza
2 cucharadas de aceite
1 cucharada de vinagre balsámico
1 cucharada de vinagre blanco
4 lonjas de tocineta

Preparación

Condimentar la carne con la salsa 57, salsa inglesa, un poco de vino, sal, mostaza, pimienta, ajos, vinagre balsámico y vinagre blanco. Dejar en reposo por una hora.

Mientras, lavar y eliminar los tallos duros de los champiñones, quitar la piel que cubre sus sombreritos y cortarlos por la mitad. Sofreír los ajos machacados, en mantequilla y aceite de oliva e integrar la cebolla picadita, los hongos y cocinar por unos quince minutos a fuego bajo, hasta que se sequen. Agregar perejil picado, sal y pimienta al gusto. Reservar para ofrecer con la salsa del rosbif, ya que hacen una muy buena combinación.

Pasada la hora, sacar la carne del envase, escurrirla y dejar los aliños en el envase.

Colocar la tocineta alrededor del rosbif, amarrándola con un pabilo. A continuación, calentar el aceite en un caldero, a fuego alto, y freír la carne volteándola por ambos lados con la ayuda de un tenedor, por unos veinte minutos, hasta que luzca dorada y la tocineta esté cocida.

Una vez lista la carne, agregar la cebolla, ajos, cebollines, hojas de célery, pimentones y zanahoria, cocinando a fuego alto hasta que todos los ingredientes se integren y se cocinen por veinte minutos más. Pasado este tiempo bajar la llama y agregar los aliños que están en el envase donde se maceró la carne. Tapar y seguir cocinando por diez minutos o más dependiendo del grueso y tamaño de la carne.

Destapar y cocinar por diez minutos más. Extraer la carne y hacer una prueba en el centro con un cuchillo afilado para verificar la cocción que deseamos (debe estar rosado por el centro y en los bordes cocido). Llevarlo a la nevera de inmediato, para que mantenga sus jugos y se enfríe, mínimo una hora, o si es posible más tiempo.

Colocar el rosbif en una tabla y rebanar en lonjas finas, utilizando un cuchillo bien afilado o eléctrico. Se elimina el pabilo después de rebanar de la carne. Mantener refrigerado hasta el momento de servir.

Para elaborar la salsa del rosbif, usamos todos los ingredientes del sofrito que han quedado en el caldero, incluyendo las tocinetas que estaban sujetas a la carne. Agregar el vino y unas cuatro cucharadas de caldo de carne o de agua caliente. Se lleva a un hervor a fuego alto y tapar. Bajar la llama y cocinar por diez minutos. Apagar y dejar que enfríe. Luego, colocar estos ingredientes en la licuadora o procesador y batirlos por tres segundos. Llevar la salsa de nuevo al caldero hasta que hierva de nuevo, revolviendo con cuchara de madera, unos cinco minutos o hasta que espese.

Apagar y poner en un envase para llevar a la mesa junto al rosbif, para que cada comensal lo coloque por encima de las rebanadas. Este rosbif es muy apetitoso. Si se desea, lo pueden acompañar con arroz blanco y se pueden obviar los champiñones.

Solomo de cuerito a la plancha o parrilla

8 porciones
35 minutos

Ingredientes

8 bistecs de solomo de cuerito (no muy gruesos)
4 cebollas blancas medianas rebanadas
1 cucharadita de pimienta
1 cucharada de sal
1 cucharada de miel
1 cucharada de vinagre blanco
1 cucharadita de vinagre balsámico
1 cucharada de salsa inglesa
2 cucharada de aceite

Preparación

Hacer una vinagreta con la pimienta, la mostaza, la sal, los vinagres, la miel, la salsa inglesa, la salsa 57 y el aceite. Batir muy bien y reservar.

Sofreír la cebolla a fuego moderado en el aceite por veinticinco minutos. Agregar una cucharada de miel cuando la cebolla esté cristalina. Revolver, esperar cinco minutos y reservar.

En una plancha o sartén, a fuego alto, agregar un poco de aceite y cuando esté bien caliente, poner los bistecs. Voltear y pasarle por encima una brocha con la vinagreta, por cada lado ya cocinado, procurando que la carne quede a término medio. Colocar la cebolla por encima y retirar del fuego.

Servir de inmediato con yuca sancochada, tostones de plátano verde, arroz, guacamole y una ensalada.

Consejos útiles
• Se puede obviar la vinagreta y condimentar la carne solo con sal marina.
• Si se prefiere, puede cocinarse a la parrilla, y de igual forma poner la cebolla por encima de la carne para llevarla a la mesa.

Albóndigas de carne de res y cochino

8 porciones
2 horas y 30 minutos

Ingredientes

1 kg de carne de res molida
1 kg de carne de cochino molido
1 cucharada de salsa 57
1 cucharada de salsa inglesa
1 cucharada de vinagre balsámico
1 cucharadita de pimienta
2 huevos
1 cucharada de hojitas de romero bien picadas
1 cucharadita de tomillo
3 cebollas picadas
2 pimentones (pimientos) de diferentes colores, picados
2 ajíes dulces picados
3 tomates sin semillas y piel, picados
3 cucharadas de aceite de oliva
½ taza de vino rojo
1 taza de pan rallado
1 cucharada de harina de trigo
½ taza de leche
2 tazas de caldo de res
1 cucharadita de azúcar

Preparación

Condimentar ambas carnes con el vinagre, la salsa inglesa, los huevos, una cucharada de sal, la leche, la mitad del pan rallado y una cucharadita de harina de trigo. Hacer bolitas medianas, unas dos o tres por persona. Procurar que queden bien redonditas, y pasarlas por un poquito de harina de trigo y pan rallado para que queden bien consistentes y no se abran.

En una sartén suficientemente grande, para que quepan todas las albóndigas, colocar el aceite de oliva y freír una a una por todos lados, a fuego mediano por media hora.

Luego agregar los ajos, la cebolla, los pimentones, la pimienta, el tomillo, el romero y los tomates. Sofreír a fuego bajo por quince minutos. Agregar el vino y las dos tazas de caldo. Tapar y cocinar por una hora más sin destapar. Después de este tiempo sacar las albóndigas, y reservar.

Llevar el contenido que quedó en la sartén a la licuadora. Licuar muy bien, y regresar de nuevo a la sartén para seguir la cocción de las albóndigas con la salsa. Seguir cocinando tapado a fuego bajo, por quince minutos. Seguir cocinando por otros quince minutos destapado mientras se bañan las albóndigas con la salsa.

Se acompaña con arroz blanco o con pasta y queso parmesano rallado.

Puerco

Chuletas de cochino (puerco)

6 porciones
50 minutos

Ingredientes

6 chuletas de cochino (pueden ser medallones)
1 cucharada de sal
1 cucharada de salsa inglesa
½ cucharada de comino
1 cucharadita de pimienta
1 cucharada de vinagre balsámico
¼ taza de jugo de piña o de mango
1 cebolla mediana rallada
2 dientes de ajo machacados
¼ taza de vino rojo
1 cucharadita de mostaza
2 cucharas de aceite de oliva

Preparación

Condimentar las chuletas, con dos horas de antelación, con sal, comino, pimienta, salsa inglesa, salsa 57, vinagre, cebolla, ajos y mostaza.

Sacar las chuletas, secarlas bien, y reservar el aderezo. En una sartén a fuego medio/alto freír las chuletas en aceite hasta dorarlas todas por igual. Después, agregar el vino, el jugo de piña, y el aderezo reservado del cochino. Tapar y cocinar a fuego moderado por 45 minutos.

Destapar, y si tiene mucho líquido, dejar secar con el calor de la llama hasta que esté listo para servir.

Lomo de cochino (puerco) relleno

12 porciones
2 horas y 30 minutos

Ingredientes

2½ kg de lomo de cochino
2 cebollas
6 dientes de ajo machacados
1 lata pequeña de piña, mango o melocotón
4 lonjas de tocineta
100 gramos de jamón
8 ciruelas pasas sin semillas
1 cucharada de salsa 57
1 cucharada de salsa inglesa
1 taza de vino rojo
1 cucharada de vinagre balsámico
1 cucharada de mostaza
1 cucharadita de tomillo
1 cucharadita de comino
1 cucharadita de pimienta negra
1 cucharada de sal
1 taza de caldo de carne o de pollo
2 pimentones (pimientos) sin semillas ni piel
rebanados (se pueden comprar en frasco)

Preparación

Abrir por el centro el lomo de cochino (cerdo) para hacer el relleno. Condimentar con sal, comino, pimienta, tomillo, vinagre balsámico, salsas inglesa y 57, mostaza, y media taza de vino. Dejar en reposo por dos horas en el envase que se ha de llevar al horno. Mientras, sofreír las cebollas en mantequilla a fuego bajo por quince minutos. Las reservamos para el relleno del lomo.

Para el relleno, sacar el lomo del envase y escurrir, reservando el condimento. Comenzar el relleno con la tocineta, el jamón y pedacitos de la fruta escogida (reservar el néctar), la cebolla sofrita y los pimentones, sin piel ni semillas. Amarrar con pabilo fuertemente haciendo una especie de cilindro. Sazonar el cochino con los ajos machacados, esparciendo muy bien por todo su contorno (no por dentro).

Para el sellado, poner el lomo de cochino en un caldero o sartén apropiada. Agregar aceite a fuego alto y sofreír por ambos lados, por unos quince minutos y regresarlo al envase refractario para hornearlo. Agregar el condimento que hemos reservado, media taza de caldo de carne o de pollo, el néctar, y añadir el resto del vino.

Tapar el envase con papel de aluminio y llevar al horno precalentado a 350°F, cocinar por 45 minutos. Luego voltear y bañar con la salsa, y poner pedacitos de la fruta escogida por encima del lomo. Continuar cocinando, tapado, por otros 45 minutos. Cumplido este tiempo, se cubre nuevamente con la salsa y se prosigue con el horneado, tapado, por quince minutos más, ahora con la temperatura a 250°F. Para terminar, destapar y hornear otros quince minutos.
Sacar el lomo del horno, llevarlo a una tabla y dejarlo reposar por diez minutos. Rebanarlo con cuchillo afilado, no muy grueso, para obtener un bonito corte y que se aprecie el relleno.

Colocar en una olla pequeña la salsa que ha quedado del lomo. Mientras, en una plancha, dorar una cucharada de harina que usaremos para cuajar la salsa. Una vez lista se le agrega a la salsa y se pone a fuego alto, revolviendo con una cuchara de madera hasta cuajar y hacer burbujas.

Lomo de cochino horneado

12 porciones
3 horas y 30 minutos

Ingredientes

3 kg de lomo de cochino (cerdo)
3 cebollas ralladas
4 dientes de ajo machacados
2 pimentones (pimientos) picados
1 taza de jugo de naranja
1 taza de jugo de piña
1 cucharada de papelón rallado
1½ cucharadas de sal
2 cucharadas de salsa 57
2 cucharadas de salsa inglesa
1 cucharada de mostaza
6 clavos de olor
½ taza de vino rojo
1 cucharada de romero
1 cucharadita de pimienta
1 cucharada de comino
1 cucharada de tomillo
150 gramos de tocineta
2 cucharadas de aceite
1 lata de piña en ruedas

Preparación

Condimentar el cochino, el día anterior, con los ajos machacados, la sal, pimienta, salsa 57, romero, comino, tomillo, mostaza, salsa inglesa, papelón y vino rojo.

En una sartén apropiada para dorar el lomo, colocar aceite a fuego alto. Escurrir el cochino e introducir los clavos de olor para sellar la carne en el aceite a fuego moderado por ambos lados hasta que esté dorado, aproximadamente veinte minutos.

Llevar el lomo a un envase refractario para hornear, y agregar los aliños con los cuales se maceró. Agregar media taza de caldo de carne o pollo. Poner de último, las lonjas de tocineta, sujetándolas con pabilo.

Llevar al horno, precalentado a 350°F, por una hora, tapado con papel de aluminio.

Sacar el lomo del horno y voltearlo. Con una cuchara, bañar con la salsa que se ha formado en el fondo del refractario, e introducir nuevamente al horno a 250°F, tapado por una hora.

Sacar el lomo nuevamente del horno. Bañarlo con sus líquidos, poner las ruedas de piña, sujetándolas con palillos y continuar horneándolo a una temperatura de 350°F, destapado, por media hora. Sacar el lomo del horno y probar con un cuchillo fino su textura en el centro que deberá estar suave, sin soltar nada rosado. De no ser satisfactoria la prueba, volver a hornearlo tapado hasta que esté listo.

Finalizado el proceso, sacar el lomo del envase dejándolo reposar por unos quince minutos, tapado para que no se seque. Luego, cortarlo en rebanadas.

El resto del jugo que soltó el lomo durante la cocción se lleva a la licuadora con las tocinetas, eliminando los clavitos de olor. Se licúa hasta convertirlo en una salsa.

Colocar en una olla pequeña la salsa. Si hace falta rendir, agregarle una taza de caldo de carne, el néctar de la piña y el vino. Mientras, en una plancha dorar una cucharada de harina que usaremos para cuajar la salsa. Una vez lista se le agrega a esta salsa y se pone a fuego alto, revolviendo con una cuchara de madera hasta cuajar y hacer burbujas.

Poner en bandeja, con su salsa al lado y decorar con trozos de piña. Esta receta es perfecta para un festejo.

Pernil de cochino (cerdo)

12 porciones
5 horas y 30 minutos

Ingredientes

1 pernil de 4.5 o 5 kg
2 cabezas de ajo bien machacados
3 cebollas ralladas
2 pimentones (pimientos) verdes
Hojitas de tomillo sin tallo
Hojitas de romero sin tallo
6 hojas de célery picadas
2 cucharadas de mostaza
2 cucharadas de salsa 57
1 cucharada de comino
6 clavos de olor
5 cucharadas de papelón rallado o azúcar morena
2 cucharadas de vinagre balsámico
2 tazas de vino rojo de buena calidad
1 lata pequeña de piña en ruedas o trozos
3 cucharadas de salsa inglesa
Sal al gusto

Preparación

Un día antes, condimentar el pernil, preferible en la mañana. Hacerlo con salsa 57, salsa inglesa, mostaza, sal, comino, tomillo, romero, célery, vinagre balsámico, vinagre blanco, una taza de vino rojo y los ajos machacados que han de cubrir todo el pernil. Pinchar el pernil con un cuchillo para que absorba los aliños. Introducir los clavos de olor que le darán sabor, los cuales se eliminan después de la cocción.

Agregar el resto del vino y el jugo de la piña. Llevar a la nevera tapado con papel de aluminio, en el envase donde se ha de cocinar al día siguiente.

Una vez el pernil se haya macerado, rallar las cebollas y pimentones, y junto con el papelón cubrir todo el pernil. Luego, envolverlo con las tocinetas sujetándolas con palillos para empezar a hornear. Si es posible, usar un termómetro para obtener una óptima cocción de la carne.

Precalentar el horno a 450°F, y llevar el pernil destapado treinta minutos por cada lado, para obtener una tocineta dorada uniformemente. Transcurrido este tiempo, sacar del horno, bajar la temperatura a 250°F y bañar el pernil con su líquido. Tapar con papel de aluminio y seguir horneando por dos horas. Voltearlo cada hora para obtener un cocido uniforme.

Se saca del horno, se voltea y se baña con la salsa que se ha acumulado en el fondo producto de la cocción. Se le agrega más vino, parte del líquido de las piñas y trozos de las mismas, que también se sujetan con palillos para que no se desprendan. Seguir horneándolo tapado ahora a fuego bajo por una hora y media. Luego subimos la temperatura a 350°F, y seguimos con nuestro pernil tapado por una hora adicional y así, finalizar el horneado. Se ha de mantener tapado, pues al tener dulce es posible que se queme un poco. Se destapa quince minutos antes, se baña con el caldo del fondo, y se agrega más piña y vino.

Sacar del horno y comprobar que esté suave y cocido. Su color no debe ser rosado por dentro, pues significaría que no está cocido del todo. De ser así, se devuelve al horno por unos minutos más, tapado a igual temperatura.

Una vez listo, dejarlo en reposo por treinta minutos, eliminar los palillos y clavitos, antes de comenzar con el corte. Rebanar una parte del pernil. La otra se puede dejar sin rebanar, para llevar a una bandeja, poniendo por encima los trozos de piña, hojas de perejil y guindas que les den algo de color y para que luzca bonito.

Para hacer la salsa, sacar lo que quedó en el refractario donde se horneó el pernil. Raspar con una cuchara de madera, y agregar algo de vino, tocinetas y un poquito de agua caliente. Batir en la licuadora y pasar a una olla pequeña, darle un hervor para convertirlo en una salsa. Es necesario estar alerta de que el envase tenga siempre líquido y no se seque la salsa. Si sucede, simplemente agregar caldo de pollo y un poquito de vino rojo. Si, por el contrario, la salsa es muy líquida, dorar en sartén, una cucharada de harina de trigo, y agregarlo a la salsa, revolviendo hasta que cuaje.

Consejos útiles
- El pernil se prepara usualmente en Navidad y celebraciones importantes.
- Con el pernil sobrante se pueden hacer sándwiches usando baguettes.
- No hacer orificios en el pernil para introducir dientes de ajo porque no hacen buena química.
- El tiempo de cocción se mide por el peso y se calcula una hora de cocción por cada kilo. Por ejemplo, si el pernil pesa cinco kilos, se deberían calcular cinco horas de cocción.

Aves

Muslos de pavo al horno

6 porciones
2 horas y 5 minutos

Ingredientes

4 muslos de pavo
½ taza de vino blanco
1 cucharada de hojitas de estragón
1 cucharadita de pimienta
1 cucharada de mostaza
1 cucharada de romero
1 cucharadita de tomillo
1 cucharada de salsa inglesa
1 cucharada de salsa 57
4 dientes de ajo bien machacados
1 cebolla rallada (pequeña)
1 cucharada de sal
1 cucharadita de miel
½ taza de jugo de piña o mango y trocitos de mango

Preparación

Lavar los muslos de pavo con agua y limón, eliminar la grasa y la piel. Condimentar con todos los ingredientes menos el jugo de piña. Dejar macerando por varias horas, en un envase apropiado para hornear. Llevar tapado al horno a 350°F, por media hora.

Luego agregar el jugo de piña, bajar la temperatura a 250°F y seguir cocinando por una hora.

Terminado ese tiempo, subir el calor nuevamente a 350°F por treinta minutos más. Voltear las presas y bañar con el líquido varias veces, para que tome el sabor de la salsa producto de la cocción.

Para terminar, destapar el envase y bañar nuevamente las presas, horneándolo por cinco minutos para dorar los muslos de pavo.

Pavo para Navidad

8 porciones
5 horas y 30 minutos

Ingredientes

1 pavo mediano y joven de 5 kg
3 cebollas blancas medianas ralladas
2 cabezas de ajo medianas bien machacadas
2 pimentones verdes rallados
1 paquete pequeño de estragón
3 ramas de romero frescas sin tallo
1 rama de tomillo sin tallo o 1 cucharada molido
3 hojas picadas de célery picaditas
3 cucharadas de salsa 57
3 cucharada de vinagre balsámico
4 cucharadas de salsa inglesa
3 cucharadas de miel
1 cucharada de azúcar morena
3 cucharadas de sal
1 cucharada de pimienta negra
¼ de cucharadita de pimienta roja
2 tazas de jugo de mango, naranja o piña (pueden ser una combinación de las frutas)
6 lonjas de tocineta
2 tazas de vino blanco
1 cucharada de mostaza
2 panelas de mantequilla con sal
2 limones para lavar el pavo
Pabilo para el amarre

Preparación

Este es un plato muy elaborado y es por ello que lo hemos separado en varios pasos.

1. Lavar el pavo con agua y limón, cortando la colita. Quitarle la grasa que tiene alrededor de esa zona (no la piel), retirar la bolsita que trae en su interior con la molleja, hígado y pescuezo. Usar el pescuezo del pavo para hacer un caldo. Colocarlo en una olla con dos tazas de agua, a fuego bajo, tapado, por treinta minutos. Este caldo servirá también como base de la salsa que se elaborará al final.

2. En un envase apropiado, hondo y ancho (una pavera), introducir el pavo y condimentar con antelación agregándole sal, pimienta, tomillo, romero, hojas de célery picadas, mostaza, salsa inglesa, salsa 57 y azúcar. Cubrir todo el pavo, por dentro y por fuera, para lograr una buena sazón. A continuación, se frota con las dos panelas de mantequilla, cubriendo toda su carne interna, lo máximo que se pueda para que se impregne y así obtener una cocción muy suave. Después, cubrirlo con los ajos machacados, y bañarlo con una taza de vino muy despacio para que se mantengan fijos todos los condimentos. Agregar hígados y mollejas. Dejar en reposo por dos horas.

3. Transcurrido el tiempo, es el momento de rellenar el pavo si así lo desea (Receta en la sección de Aves), y amarrar las patas del pavo con pabilo. Cubrir las puntas de las alas con papel de aluminio para que no se quemen. Agregar media taza de vino y el jugo de las frutas; tapar con papel de aluminio el envase y llevar a la nevera hasta el día siguiente.

4. Rallar las cebollas y los pimentones, y cubrir con ellos el pavo. Colocar las tocinetas alrededor del pavo sujetadas con pabilo para que no se suelten. Rociarlo con líquido del adobo que hay en el envase, para ayudar a integrar todos los ingredientes. Precalentamos el horno a 400°F, llevar el pavo destapado y dorarlo por treinta minutos, por un lado. Lo volteamos y doramos por treinta minutos más, volvemos a voltear y dorar treinta minutos, y finalmente lo volteamos para completar otros treinta minutos. En cada volteada, bañarlo con el líquido producto de la cocción.
Finalizado este paso, sacar el pavo del horno y voltearlo para dejar la pechuga hacia abajo y hornearlo por otros treinta minutos. En total el proceso de dorarlo tomará una hora y media.

5. Sacar el pavo del horno y agregarle miel por encima, taparlo con papel de aluminio y bajar la temperatura a 250°F. Hornearlo por una hora y media para que se cocine por dentro. Transcurrido ese tiempo, destapar, y subir la temperatura del horno a 350°F. Antes, bañarlo con el líquido. Voltearlo dos veces, y seguir cocinando por otros treinta minutos, echándole caldo cada vez que se voltea. Continuar con el procedimiento por otros treinta minutos para concluir otra fase del horneado.

6. Sacar el pavo del horno y voltearlo. Poner la pechuga esta vez hacia arriba y seguir bañando el pavo con sus líquidos y el jugo de las frutas. Taparlo y seguir horneando a 350°F por treinta minutos. Voltear el pavo con la pechuga hacia abajo y hornear por treinta minutos más.

7. Sacar el envase de nuevo y, sin voltear, revisamos bien el resultado del cocimiento del pavo. Se le riega nuevamente una cantidad mayor de la salsa que quedó en el envase. Tiempo suficiente para dar por concluida nuestra elaboración del pavo.

Para elaborar la salsa, sacar el pavo del envase donde se cocinó, remover las tocinetas y eliminar el pabilo. Luego, quitar un poco la grasa acumulada en el envase. Si le falta líquido, se le agrega vino y caldo del pescuezo. Luego, se lleva a la licuadora para hacer una salsa. Se lleva a un hervor por diez minutos y se cuaja con una cucharada de harina de trigo tostada y dorada hasta que se logre el cuajado de la misma.
Colocar el pavo horneado en una bandeja y la salsa en un bonito envase para acompañarlo.

Consejos útiles

• Si se prefiere hacer un pavo relleno, se tendrá que quitar el hueso central y para ello, se le pide al carnicero que lo haga ya que tiene tijeras especiales.

• Introducir un termómetro para ayudar a controlar la cocción.

• Usar una cuchara grande (preferible de madera) para bañar el pavo con su líquido.

• Tener a mano unas agarraderas de tela para poder sujetar el envase cada momento que se saque del horno.

• Usar una tabla resistente al calor, donde se coloque el envase del pavo y poder voltearlo con comodidad.

• Se necesita un tenedor largo y una espátula larga (de un material fuerte).

• Hacerlo entre dos personas sería ideal ya que este procedimiento incluye mucho esfuerzo físico por lo pesado que puede llegar a ser un pavo grande.

• Las horas del horneado dependen mucho del peso que tenga y lo tierno que sea el pavo. La regla es una hora de cocción por cada kilogramo que pese el pavo. Si el pavo es joven, podría tomar menos tiempo.

Relleno del pavo

1 porción
30 minutos

Ingredientes

2 cebollas blancas medianas picadas menudas
2 ajíes dulces picaditos
½ pimentón (pimiento) picadito
2 tallos de célery picaditos
6 aceitunas rellenas de pimentón picadas por la mitad
50 gramos de jamón picadito
1 lonja de tocineta picadita
6 ciruelas sin semillas
1 cucharadita de alcaparras pequeñas
1 cucharadita de pimienta
1 cucharadita de tomillo
1 cucharadita de azúcar morena
2 rebanadas de pan de sándwich
1 cucharada de sal
1 cucharada de salsa inglesa
1 cucharada de salsa 57
¼ kg de pechuga de pollo molida
1 cucharada de mantequilla
½ taza de aceite de oliva
¼ taza de leche

Preparación

Hacer un sofrito, cocinando a fuego medio en mantequilla y aceite, la cebolla, ajos, pimentón, pimienta, tomillo y sal.

Agregar la pechuga de pollo, los hígados y molleja, picados en forma menuda. Revolver y cocinar tapado, por quince minutos. Cortar el pan de sándwich en cuadritos, sin corteza, y remojarlo en la leche.
Agregar las salsas, y apagar el fuego para unir a este guiso el pan que se ha mojado en leche, las aceitunas picadas por mitad, las ciruelas, antes remojadas y escurridas, y las alcaparras.

Unir todo con un tenedor, e introducir este relleno en el pavo media hora antes de llevarlo al horno.

Pechuga de pavo con uvas y champaña

10 porciones
3 horas y 30 minutos

Ingredientes

2½ kg de pechugas de pavo
1½ taza de champaña
2 cucharadas de sal
3 cucharaditas de estragón picadito
1 cucharadita de pimienta
1 cucharadita de tomillo
1 cucharada de romero
4 cucharadas de mantequilla
1 cucharadita de aceite de oliva
¾ kg de uvas sin semillas
6 dientes de ajo machacados
3 cebolla medianas ralladas
1 cucharada de miel de abejas
1 cucharada de aceite de oliva
1 cucharada de mostaza
1 cucharada de harina de trigo

Preparación

Lavar las pechugas con limón y agua. Escurrir y macerar usando todos los ingredientes, menos la mantequilla, esta se va a utilizar para sellar las pechugas. Agregar una taza de champaña. Dejar macerar por unas tres o cuatro horas para que penetren muy bien todos los condimentos. Mantener en la nevera bien tapado.

Pasado este tiempo, sacar las pechugas y escurrirlas muy bien, secándolas un poco. Después, sofreír las pechugas enteras y dorar un poco en la mantequilla y aceite por ambos lados, a fuego mediano, por veinte minutos. Pasarlas a un envase refractario enmantequillado, para hornear. Llevar las pechugas al horno precalentado a 350°F, con todo el producto de la maceración.

Agregar las uvas picadas por encima, tapar con papel de aluminio y hornear por una hora.

Luego, destapar y bañarlo con el líquido de la cocción para que se impregne de sabores. Volver a tapar y bajar la temperatura a 250°F. Continuar el horneado por una hora y media más. Sacar del horno.

Chequear sabores, y bañar las pechugas de nuevo con su salsa. Voltearlas y agregar media taza de champaña y miel. Destapar y subir la temperatura a 350°F nuevamente, por diez minutos.

Sacar del horno y esperar que las pechugas reposen para luego rebanarlas. Llevarlas a una bandeja. Poner en la licuadora el líquido de la cocción con las uvas y todos los sólidos. Llevar este batido a una olla pequeña, agregar la champaña restante, y la harina de trigo dorada en un sartén y así lograr que espese la salsa, revolviendo por cinco minutos con cuchara de madera hasta que se vea cuajada.

Hacer una prueba de sabores por si le faltara algo de condimento, especialmente sal.

Para terminar, bañar las pechugas con la salsa, y adornar con uvas y ramitas de perejil.

Acompañar con papas gratinadas, cuya receta se encuentra en el recetario. También, cualquier otro contorno ideal para una comida especial.

Higaditos de pollo

6 porciones
1 hora

Ingredientes

1½ kg de higaditos de pollo
2 cebollas blancas rebanadas
3 dientes de ajo machacados
3 tomates maduros sin piel ni semillas
4 ajíes dulces picaditos
1 cucharadita de azúcar
½ taza de vino blanco o rojo
1 cucharada de pasta de tomate
1 cucharadita de pimienta
1 cucharada de mantequilla
1 cucharadita de aceite de oliva
1 cucharada de sal
1 cucharadita de tomillo
1 taza de caldo de pollo
2 cucharadas de leche

Preparación

En un caldero o sartén honda, sofreír en mantequilla y aceite, las cebollas y ajos, a fuego bajo, por unos veinte minutos, hasta marchitar.

Agregar los higaditos, antes lavados con agua y limón, bien escurridos, para que se sofrían. Poner los ingredientes restantes y seguir revolviendo. Agregar el caldo de pollo.

Tapar y seguir cocinando por media hora, a fuego bajo. Destapar y servir acompañado con puré de papas o arroz blanco.

Milanesas de pollo o carne

6 porciones
30 minutos

Ingredientes

6 milanesas de pollo o carne de res
1 cucharadita de sal
1 cucharadita de pimienta
1 cucharada de cebolla en polvo
1 cucharadita de ajo en polvo
2 huevos batidos
1 taza de pan rallado
1 cucharada de harina de trigo o maicena

Preparación

Cortar las milanesas en dos partes si son grandes. Condimentar con sal, pimienta, ajo en polvo y cebolla en polvo. Echar harina a todas las milanesas y sacudir. Luego, cubrirlas una a una con huevo batido, pan rallado y así sucesivamente. Se van poniendo en una bandeja con papel encerado hasta terminar todo el procedimiento. Cubrir con papel hasta el momento de hornear. Se pueden congelar si se quieren cocinar en otra ocasión.

Precalentar el horno a 350°F para hornearlas de diez a quince minutos. También se pueden freír en una sartén con suficiente aceite, si así se prefiere, ya que son deliciosas de esta manera.
Se sirven con puré de papas, puré de batata, o zanahoria y papas. Se les puede agregar un huevo frito encima, unidas a un contorno de ensalada de remolacha.

Consejos útiles

• Otra forma de acompañar las milanesas es con pasta corta. Cocinarla siguiendo las indicaciones del empaque y bien escurrida llevarla a un envase refractario enmantequillado. Agregar salsa de tomate (Receta en la sección de Salsas y Vinagretas), media taza de queso parmesano, agregar otra cantidad de salsa, otra cantidad de queso. Reservar un poco de salsa restante, para cubrir las milanesas y llevar al horno por quince minutos tapadas para que no se sequen.

Pastel de pollo #1

8 porciones
2 horas y 40 minutos

Ingredientes

1 kg de masa de hojaldre (comprada ya preparada)
1½ kg de pollo
3 cebollas rebanadas
3 dientes de ajo machacados
2 pimentones (pimientos) picados
2 cucharadas de encurtidos picados
2 cucharadas de aceitunas rebanadas
1 cucharada de alcaparras picaditas
1 cucharada de aceite
1 panela de mantequilla
1 cucharadita de pimienta
2 cucharadas de salsa 57
1 cucharada de salsa inglesa
Salsa picante al gusto
1 cucharada de sal
1 cucharada de azúcar morena
1 limón para lavar el pollo
3 tomates sin piel ni semillas picados
1 cucharada de pasta de tomate
½ taza de vino blanco
¼ taza de pasitas
1 cucharadita de nuez moscada

Preparación

Lavar el pollo con agua y limón. Picar en presas y retirar grasa y piel. Condimentar con sal, salsa 57, salsa inglesa, ajos, pimienta y comino.

Sofreír a fuego moderado en una olla o caldero, con aceite y una cucharada de mantequilla. Agregar los ingredientes restantes y el vino. Volver a tapar y cocinar por dos horas a fuego bajo.

Terminado ese tiempo, sacar el pollo y eliminar los huesos para desmenuzar. Reservar.

Licuar los vegetales con todo el contenido que quedó en la olla, por tres segundos para que se haga una salsa. Incorporar a la olla de nuevo, y llevar a un hervor para que cuaje y se haga una salsa homogénea con el pollo incluido.

Enmantequillar y enharinar un envase refractario rectangular, o apropiado para cocinar el pastel. Luego, espolvorear la mesa con harina de trigo para trabajar la masa de hojaldre. Con la ayuda de un rodillo, darle a la masa el tamaño y el espesor deseado. Como la masa se compró ya elaborada, unirla toda haciendo una bola, y dividirla en dos partes desiguales. La mayor parte se pone en la parte inferior del fondo del envase, dejando que sobresalga un poco de las orillas. Apretar muy bien esas orillas, ya que sobre ellas se colocará luego la masa restante, para sellar con la ayuda de un tenedor, con delicadeza para evitar que se parta la masa.

Precalentar el horno a 350°F. Cocinar la primera parte de la masa por unos veinte minutos. Cuando se vea dorada, sobre todo en el centro, sacar del horno y rellenar con el guiso del pollo. Probar el guiso, rectificar sabores, y agregar pasas y aceitunas, revolviendo para integrarlo bien.

Tomar la masa restante, y cubrir con ella la parte de arriba ayudándonos con los dedos y tenedor, asegurándose de que todo quede muy firme en el envase.

Batir dos yemas de huevo con una cucharadita de agua. Con una brocha pintar la tapa del pastel. Hacer pequeños orificios con una aguja o punzón delgado. Llevar de nuevo al horno por veinte minutos, a 350°F, hasta que se vea dorado y crujiente. Sacar del horno y dejarlo reposar. Luego, cortar con un cuchillo de picar torta, en el número de trozos deseados.

Consejo útil
• Se pueden hacer dos pasteles utilizando el doble de los ingredientes.

Pastel de pollo #2

8 porciones
2 horas y 40 minutos

Ingredientes

1½ kg de pollo (sin hueso, piel y grasa)
2 cucharadas de salsa 57
3 dientes de ajo bien machacados
2 cebollas blancas picaditas
1 pimentón (pimiento) picadito
1 cucharada de salsa inglesa
1 cucharadita de nuez moscada
1 cucharada de alcaparras picaditas
2 tomates sin semilla y piel picaditos
1 cucharada de encurtidos picaditos
1 cucharada de azúcar morena
2 cucharadas de aceite
1 cucharada de mantequilla
2 cucharadas de pasas pequeñas
6 aceitunas rebanadas
1 cucharadita de comino
1 cucharadita de pimienta
½ de taza de vino blanco
2 yemas de huevo, para pintar la masa
1 cucharada de sal
Masa de hojaldre

Ingredientes para la masa de hojaldre:

½ kg de harina de trigo
1 cucharadita de polvo de hornear
3 yemas de huevo
10 cucharadas de mantequilla
4 cucharadas de manteca vegetal
1 cucharadita de sal
2 cucharadas de azúcar morena
½ taza de agua helada
1 yema de huevo batida con una
cucharada de agua

Preparación

Este es un plato muy elaborado y es por ello que lo hemos separado en varios pasos.

1. Condimentar el pollo con sal, comino, pimienta, salsa inglesa, ajos y salsa 57. Sofreír las presas de pollo en el aceite a fuego medio/alto, en un caldero o una olla apropiada. Agregar los ingredientes restantes para obtener un guiso sustancioso. Cocinar tapado a fuego lento por una hora y media. Tratar de que no tenga mucho líquido. De ser así, secar un poco. Retirar del fuego para que se enfríe. Desmenuzar el pollo, agregar pasas y aceitunas. Reservar.

2. Para preparar la masa de hojaldre, cernir la harina y el polvo de hornear en un envase cómodo. Agregar los huevos, mantequilla, manteca, sal y azúcar. Mezclar con tenedor y ligeramente con los dedos (no amasar) procurando obtener una mezcla suave. Poner la masa en una superficie plana para seguir uniendo todo con la punta de los dedos. Dejar reposar por quince minutos tapada con un paño. Dividirla en dos partes desiguales. La parte más grande se pone encima de papel encerado. Se extiende con rodillo hasta lograr el tamaño ideal para cubrir el molde donde se va a elaborar el pastel. Este debe ser rectangular, de 30x30x5 centímetros. Poner la masa en el envase adaptandola al molde, ésta debe sobresalir por las orillas para hacer un tapado perfecto. Precalentar el horno a 400°F, e introducir el molde por unos diez minutos hasta verse un poco dorado. Extender con el rodillo la masa de hojaldre restante a un tamaño proporcional a la cobertura del envase.

Sacamos del horno y agregamos el guiso de pollo. Cubrir con la masa restante, y se tapa el guiso totalmente. Se unen los bordes con los dedos y un tenedor, teniendo cuidado de que el pastel quede firme y tapado.

3. Con una brocha, el hojaldre se pinta por encima con la yema de huevo batida. Se pincha la masa con una aguja o tenedor en toda su superficie, y se introduce al horno, que sigue precalentado a 350°F, por unos cincuenta minutos, hasta que se vea dorado, incluso por debajo. Se deja reposar para hacer los cortes del pastel.

Es ideal para comidas informales estilo tapas.

Consejos útiles
• La masa de hojaldre para este pastel se puede comprar en los automercados ya lista, y solo tendrás que usar rodillo para extender y llevar al tamaño deseado.
• Si se tiene una reunión en casa y deseas hacer dos pasteles, se puede hacer en dos tandas, cocinando el pollo un día antes y duplicando cantidades. La masa y elaboración se puede hacer al día siguiente sin mucho cansancio.

Pollo al curry con leche de coco

8 porciones
2 horas y 10 minutos

Ingredientes

1½ pollo grande picado en presas
2 cucharadas de curry
1 cucharadita de ajo en polvo
1 cucharadita de pimienta
½ taza de crema de leche
½ taza de leche de coco
2 cebollas medianas rebanadas
½ limón
Salsa picante
2 cucharadas de mantequilla
1 cucharada de aceite

Preparación

Lavar el pollo con agua y limón, quitar la grasa y la piel. Secarlo para aderezar con el ajo, la pimienta, el curry y la sal. Dejar reposar una hora. Mientras tanto, sofreír la cebolla en el aceite y mantequilla a fuego moderado. Al estar cristalina, sacar y reservar.

Freír a fuego medio/alto las presas de pollo una a una para que no suelte mucha agua. Al culminar las frituras, bajar el fuego, echar las cebollas a la cacerola con el pollo. Poner el vino, tapar y cocinar por una hora.

Agregar la leche de coco y unas gotas de picante. Seguir cocinando por diez minutos, y esperar el momento de servir para agregar la crema de leche.

Pollo al estragón

4 porciones
2 horas

Ingredientes

1½ kg de pechugas de pollo
¾ taza de crema de leche
3 cebollas medianas rebanadas
2 dientes de ajo machacados muy finamente o una cucharadita de ajo en polvo
1 cucharadita de pimienta
1 cucharada de sal
2 cucharadas de mantequilla
1 cucharadita de aceite de oliva
½ paquetito de hojas de estragón, bien picaditas sin el tallo o 4 cucharadas molido del que viene en frasco
½ de taza de vino blanco

Preparación

Lavar y secar las pechugas, cortarlas en pequeños pedazos, de espesor delgado, y aderezar con sal, pimienta, ajo molido y estragón. Dejar reposar por media hora. Mientras tanto, poner en la sartén la mantequilla y el aceite.

Agregar la cebolla y ajos machacados, y sofreír a fuego moderado, por veinticinco minutos, hasta estar cristalinos. (Si se utiliza ajo en polvo para aderezar el pollo, solamente freír cebollas). Sacar de la sartén y reservar.

Utilizar el mismo aceite y mantequilla, y sofreír las pechugas a fuego medio/alto hasta dorar, una a una, por ambos lados (no al mismo tiempo todas porque sueltan agua). Poner más mantequilla y aceite si hiciera falta. Al final, y cuando el pollo esté cocido, agregar el vino, la cebolla. Cocinar a fuego lento por media hora, tapado.

Apagar y retirar del fuego. Preferiblemente, esperar el instante de llevar a la mesa para poner la crema a las pechugas, y cocinar por seis minutos a fuego lento y servir.

Se acompaña con arroz blanco, también con ensalada de colores (ambas recetas se encuentran en el recetario en las secciones de Arroz y de Ensaladas, respectivamente).

Pollo con champiñones

6 porciones
2 horas y 30 minutos

Ingredientes

1½ kg de presas de pollos sin hueso
2 cebollas blancas medianas rebanadas
4 dientes de ajo bien machacados
1 cucharada de sal
1 cucharadita de pimienta negra
1 cucharada de salsa 57
300 gr de champiñones
½ taza de vino blanco
1 limón
3 cucharadas de mantequilla
1 cucharada de aceite de oliva

Preparación

Lavar las presas con limón y eliminar la grasa, condimentar con sal, pimienta, tomillo, salsa 57. Dejar en reposo media hora. Lavar con limón y agua los champiñones, cortar las durezas de los tallos y raspar sus sombreritos para que queden limpios. Cortar en rebanadas alargadas y reservar.

Sofreír a fuego medio los ajos y las cebollas en mantequilla y aceite, hasta estar cocidos y cristalinos. Sacar de la sartén, e ir agregando las presas del pollo, una a una hasta dorar. Si es necesario, agregar aceite y mantequilla. Retirar las presas y reservar.

Seguir en la misma cacerola o sartén, y sofreír los champiñones hasta eliminar el agua que sueltan. Agregar las presas de pollo, las cebollas sofritas y ajos. Echar el vino y tapar por media hora a fuego mediano, revolviendo todo el contenido.

Se puede acompañar con patatas al vapor o batatas (*sweet potatoes*).

Pollo con melocotones

6 porciones
1 hora y 55 minutos

Ingredientes

2 kg de muslos de pollo
1 cebolla grande rallada
2 dientes de ajo machacados
½ pimentón (pimiento) rallado
1 cucharada de sal
1 cucharadita de pimienta
120 gramos de jamón planchado, serrano o paté de hígado
1 cucharada de aceite de oliva
1 cucharada de mantequilla
½ taza de vino blanco
1 lata de melocotones sin semilla

Preparación

Macerar el pollo, una o dos horas antes, con la cebolla rallada, la pimienta, pimentón, ajos, sal y salsa 57. Mantenerlo en la nevera tapado. Sacar los huesos y eliminar.

Para el preparado, abrir un poco cada presa e introducir pedacitos de jamón planchado. Cerrar con palillo o pabilo para que no se salga el relleno. Las presas se sofríen en la mantequilla y aceite, por unos veinte minutos a fuego medio/alto, hasta dorar. Luego se pasan a un refractario enmantequillado. Agregar vino y todo el líquido de la maceración del pollo. Llevar al horno a 350°F, tapado, por una hora.

Destapar y agregar al pollo los melocotones con un poco de su líquido. Continuar horneando por diez minutos, tapado. Destapar y cocinar esta vez por cinco minutos, estar muy alerta pues el dulce se puede quemar.

Llevar a la mesa, sin los palillos o pabilo. Poner en una bandeja las presas de pollo en el centro, y los melocotones a los lados.

Se puede acompañar con arroz o puré de papas y una buena ensalada.

Consejos útiles
• Los muslos se pueden rellenar con paté y quedan igual de deliciosos.
• Si tienen más comensales, agregar más muslos de pollo.

Pollo con pimentones de colores

8 porciones
2 horas y 10 minutos

Ingredientes

1½ kg de pollo en presas (los muslos completos)
2 cebollas medianas blancas ralladas.
2 dientes de ajo bien machacados
1 cucharada de salsa 57
1 de salsa inglesa
1 cucharadita de pimienta negra
2 cucharadas de aceite de oliva o cualquier otro
1 cucharada de sal
1 limón para lavar el pollo
½ de taza de vino blanco
3 pimentones (pimientos) de colores diferentes cortados en pedazos grandes
1 cucharadita de aceite de sésamo
1 cucharada de mantequilla

Preparación

Lavar el pollo con agua y limón. Quitar parte de la grasa (no toda). Condimentar con sal, salsa 57, salsa inglesa, pimienta, cebolla rallada y ajo. Dejar en reposo media hora aproximadamente (puede ser más tiempo).

En un caldero o sartén grande, poner el aceite y mantequilla. Freír a fuego moderado las presas, una a una, volteándolas con un tenedor largo. Agregar vino y lo que quedó de la maceración. Tapar, bajar la llama y cocinar a fuego lento por una hora. Sofreír aparte los pimentones en aceite de oliva, picados en trozos grandes. Agregar al pollo, y seguir cocinando por cinco minutos, dando vueltas con tenedor y procurando que los pimentones queden duritos, para que no suelten la piel y luzcan bonitos. Poner gotas aceite de sésamo al final.

Acompañar con papas al vapor o papas en crema. Se puede servir con sopa, que va bien con esta receta.

Pollo con vegetales

6 porciones
2 horas y 10 minutos

Ingredientes

1 kg de pollo en presas
1 calabacín cortado en ruedas
2 cebollas blancas rebanadas
3 dientes de ajos machacados
1¼ cucharada de sal
2 cucharadas de mantequilla
1 cucharada de aceite de oliva
1 cucharadita de tomillo
1 cucharadita de pimienta negra
½ taza de vino blanco

1 cucharadita de mostaza
1 cucharada de salsa 57
1 limón
1 cucharada de salsa inglesa
¼ de paquete de vegetales que vienen congelados (con vainitas, maíz en grano, zanahorias y guisantes)
½ paquete de espárragos
3 tallos de célery cortados en dados

Preparación

Lavar el pollo con agua y limón. Retirar la grasa y la piel. Escurrir muy bien y condimentar con sal, salsa inglesa, salsa 57, ajos machacados, pimienta y mostaza. Dejar en reposo por unas dos horas. Cortar la parte dura de los espárragos, y reservar para la parte final. En una sartén grande, poner la mantequilla y aceite, a fuego moderado y sofreír las cebollas hasta verlas cristalinas. Sacar y reservar.

Agregar el pollo, presa por presa, dándole vueltas para lograr un cocido uniforme y que no suelten líquido, para lograr un buen dorado. Agregar más aceite de ser necesario. Añadir vino y cocinar tapado a fuego bajo por una hora. Agregar las cebollas reservadas y el célery, las papas rebanadas con una pizca de sal, y seguir la cocción por media hora, tapado, a la misma temperatura. Añadir los vegetales, que antes hemos pasado por agua caliente con una pizca de sal. Colar en colador de alambre. Cubrir el pollo con los vegetales. Poner una cucharada de mantequilla por encima, y agregar los espárragos. Cocinar a fuego mediano, tapado por diez minutos. Apartar del calor y servir.

Pollo desmenuzado

10 porciones
3 horas

Ingredientes

2 kg de pollo en presas (sin piel, ni huesos)
1 cucharada de aceite de oliva o de otra clase
1 cucharadita de pimienta
3 cucharadas de salsa 57
3 dientes de ajo machacados
1 cebolla grande cortada menuda
2 pimentones (pimientos) picados en juliana
3 ajíes dulces picaditos

1 cucharadita de mantequilla
½ taza de vino blanco
Salsa picante al gusto
1 cucharada de sal
1 cucharada de pasta de tomate
2 tomates maduros (sin piel, ni semillas, cortados)
1 cucharada de azúcar morena
3 cucharadas de aceite
1 cucharada de mantequilla
1 cucharadita de alcaparras menudas (opcional)

Preparación

Condimentar el pollo con ajo, pimienta, sal, salsa inglesa y salsa 57. Poner en una olla grande el aceite y mantequilla. Agregar el pollo y sofreír un poco, por ambos lados a fuego medio/alto. Poner todos los ingredientes restantes, menos el pimentón. Cocinar a fuego bajo, tapado, por dos horas y media. Transcurrido este tiempo, sacar de la olla y desmenuzar el pollo. Llevar de nuevo a la olla. Freír los pimentones en aceite de oliva, agregarlos a nuestra preparación. Cocinar por diez minutos con el vino, a fuego medio, destapado, procurando no secar. Poner encima las alcaparras. Apagar y quitar del fuego.

Consejos útiles

• Puedes usar este pollo para rellenar tacos mexicanos, empanadas y arepas.
• Es ideal para hacer las famosas arepas Reina Pepiadas a las cuales se les agrega, además del pollo, aguacate en una especie de guacamole estilo venezolano.
• Para usarlos en una cena tailandesa, le agregamos al pollo una taza de leche de coco al final de la cocción (y no agregar las alcaparras), y se organizan varios envases con piña picadita, mango, pimentón en cubos, coco rallado, lechuga picadita finamente, tomates pintones en trozos menudos, arroz blanco y salsa de soya. Llevar el pollo a la mesa, con los vegetales acompañantes, de manera de ofrecer diferentes alternativas para una reunión de amigos.

Pollo entero al horno

10 porciones
3 horas y 30 minutos

Ingredientes

1 pollo grande
1 cucharada de mostaza
1 cucharada de salsa 57
1 cucharada de salsa inglesa
1 cucharadita de pimienta negra
1 cucharadita de tomillo
1 cucharadita de comino
1 cucharadita de romero
1 cucharada de sal
1 cucharada de miel
1 cebolla rallada
1 limón
2 lonjas de tocineta
½ taza de vino blanco

Preparación

Lavar el pollo con agua y limón. Quitar la colita y la piel. Revisar y lavar por dentro, sacar el contenido que trae y limpiar muy bien. Ya limpio, introducir de nuevo esas partes que le gustan a muchos.

Condimentar el pollo con mostaza, sal, salsa 57, salsa inglesa, tomillo, comino, romero, cebolla, los ajos y la miel. Dejar unas dos horas, para que se integren muy bien los sabores de los condimentos, se adobe y tome sabor gustoso. Echar el vino por encima.

Terminado este tiempo, llevar al horno precalentado a 400°F, en un envase refractario. Poner por encima la tocineta, sujetada con pabilo por ambos lados. Poner el pollo de lado y cubrir las puntas de las alas con papel de aluminio para que no se quemen por la miel que contiene.

Hornear destapado, a 400°F, por quince minutos. Transcurrido este tiempo, voltear el pollo y seguir cocinando destapado por quince minutos. Tapar con papel de aluminio y bajar a 350°F. Continuar la cocción por cincuenta minutos. Se pueden agregar unas papas cortadas que sirven de acompañante.

Sacar del horno, quitar el pabilo, cortar en pedazos, rociarlo con su salsa, y poner en bandeja.

Pollo horneado con papas y batata

8 porciones
2 horas

Ingredientes

1½ kg de pollo en presas
3 papas medianas
2 batatas (sweet potatoes)
1 cucharadita de comino
1 cucharadita de paprika
2 dientes de ajo machacados menuditos
1 cucharada de salsa 57
1 cucharadita de pimienta
1 cucharadita de tomillo

1 cebolla rallada
1 cucharadita de miel
1 cucharada de sal
1 cucharadita de salsa inglesa
1 cucharada de aceite de oliva o cualquier otro (puede ser coco)
1 limón para lavar el pollo
¼ taza de vino blanco

Preparación

Lavar el pollo con agua y limón, cortar en presas y quitar la grasa y ciertas partes de la piel que sean grasientas. Condimentar con el comino, ajos, paprika, salsa 57, salsa inglesa, miel, sal y la cebolla. Dejar reposar por quince minutos.

Lavar las papas y batatas, con agua de limón. Secarlas, quitar los ojos, pelarlas y cortar en ruedas. En una sartén, sofreír el pollo a fuego alto, cada pieza, una a una. Luego llevarlo a un refractario, previamente enmantequillado o aceitado. Agregar el vino, el resto del macerado que tenía el pollo, papas y batatas. Llevar al horno, previamente precalentado a 400°F, y cocinar destapado por quince minutos. Bajar la temperatura a 350°F por media hora tapado. Destapar para voltear el pollo y seguir la cocción por la media hora restante, también tapado. Cuando las papas estén listas, destapar y dorar un poco. Sacar del horno.

Se puede acompañar con ensalada.

Pollo sudado con salsa de tomate

6 porciones
2 horas

Ingredientes

1½ kg de pollo
8 tomates picados, sin semilla y piel (instrucciones en la receta de Salsa de Tomates en la sección de Salsas y Vinagretas)
4 dientes de ajo bien machacados
1 cucharadita de pimienta
2 ajíes dulces
1 taza de vino rojo
1 cucharadita de azúcar
1 cucharada de salsa 57
½ cebolla picada

1 cucharadita de paprika
1 limón para lavar el pollo
2 cucharadas de aceite de oliva o cualquier variedad
1 cucharadita de mantequilla
2 cucharadas de pasta de tomate
2 cucharadas de salsa de tomate
1 taza de caldo de pollo

Preparación

Lavar los pollos con agua y limón, quitar la grasa y excesos de piel grasientos y cortar en presas. Aliñar con la sal, la salsa 57 y los ajos. Reposar los pollos por media hora y luego sofreír en el aceite y mantequilla, en una olla o caldero, a fuego moderado por veinte minutos. Agregar la cebolla, los tomates picados, la pimienta, la paprika, el vino, el azúcar. Tapar la olla, y cocinar por una hora y media. Apagar el fuego y dejar enfriar un poco para sacar las presas.

Llevar a la licuadora el líquido y los sólidos que quedaron en la olla, y licuar muy bien. Agregar a la olla de nuevo los pollos y la salsa. Hervir a fuego alto por seis minutos. Poner en una fuente tipo bandeja las presas y cubrir con ocho cucharadas de la salsa.

Consejo útil

- La salsa restante se guarda para otra receta, para unos espaguetis o pasta corta con queso mozzarella rebanado, queso rallado, que gratinamos en el horno con la salsa bechamel.

Pescados y Mariscos

Langostinos al curry

6 porciones
1 hora

Ingredientes

1½ kg de langostinos (pueden ser camarones)
2 cebollas blancas picaditas
6 dientes de ajo machacados bien triturados
1 cucharada de curry
1 cucharada de sal
½ taza de vino blanco
6 ajíes dulces picaditos
2 cucharadas de aceite de oliva
1 cucharada de mantequilla
1 cucharadita de pimienta negra
1 limón
1 pimentón (pimiento) verde cortado en juliana
1 lata de crema de leche
Salsa picante al gusto

Preparación

Lavar muy bien los langostinos con jugo de limón y agua. Quitar las cáscaras y sus venas negras totalmente.

Llevar ajos, cebollas y ajíes a un caldero o sartén con aceite y mantequilla, a fuego moderado hasta lograr que se suavicen los condimentos y las cebollas queden cristalinas. Añadir el curry revolviendo por unos veinte minutos. Agregar al sofrito los langostinos, sal, pimienta y vino y cocinar por seis minutos a fuego bajo. Cuando toman un bonito color rojizo, será el momento preciso de agregar la crema de leche, revolviendo todo el contenido por dos minutos más.

Retirar de la hornilla para evitar que se seque. Poner gotas de salsa picante al gusto y servir.
Llevar a una bandeja y agregarle por encima perejil bien picadito. Sofreír los pimentones cortados en juliana para adornar los langostinos.

Se acompaña con arroz blanco o papas al vapor en forma de puré, y con espárragos también al vapor. Es una receta fácil, delicada en sabor y agradable a la vista.

Salmón con hierbas aromáticas

4 porciones
35 minutos

Ingredientes

1½ kg de salmón con su piel
1 cucharada de hojas de tomillo
1 cucharada de hojas de romero
1 cucharada de hojas de estragón
½ taza de vino blanco
1 cucharada de cebolla en polvo
1 cucharada de ajo en polvo
1 cucharadita de pimienta
1 limón
1 cucharada de sal
1 cucharada de aceite de oliva
1 cucharadita de mantequilla
1 cucharada de salsa de soya

Preparación

Condimentar el pescado con dos cucharadas de las hojas aromáticas bien picaditas, un chorro de limón, cebolla en polvo, sal, pimienta, ajo y salsa de soya. Reposar por quince minutos.

En una sartén, poner el aceite y mantequilla a fuego alto. Freír el salmón por el lado de la piel por cinco minutos. Moverlo con espátula y bajar el fuego. Cuando se note algo cocido, agregar el vino y llevar al horno precalentado a 350°F. Se puede llevar en la misma sartén por diez minutos o se puede pasar a un envase refractario enmantequillado para el horneado usando una espátula grande para tal fin.

Se complementa con el vino por encima y cucharadita de mantequilla en el centro del pescado. Sacar del horno cuando esté cocido.

Se puede acompañar con puré de papas, al vapor o batatas (*sweet potatoes*).

Atún en escabeche

6 porciones
1 hora

Ingredientes

1½ kg de atún en ruedas
1 cebolla grande blanca o 2 pequeñas
1 pimentón (pimiento) cortado en juliana
1 cucharada de azúcar morena
1 cucharada de salsa de soya
1 cucharadita de granos de ajonjolí tostados (puede ser maní)
1 cucharadita de sal
1 limón
1 cucharada de aceite de oliva
1 cucharada de mantequilla
¼ de raza de vino blanco
¼ taza de consomé de pescado (opcional)

Preparación

Condimentar el pescado con sal, limón y pimienta. Dejar macerando por diez minutos.

En una sartén a fuego moderado, poner el aceite y mantequilla para sofreír las cebollas por diez minutos, hasta estar cristalinas y suaves. Sacar las cebollas del sartén y reservar.

Sofreír, una a una, las ruedas de atún por ambos lados en la misma sartén, unos dos minutos por cada lado. Agregar vino y caldo de pescado, la cebolla reservada, el pimentón, y cubrir con la salsa de soya, a la cual previamente se le agrega el azúcar. Llevar al horno, precalentado, a una temperatura de 350°F, por diez minutos.

Para servir, poner el atún con todos los vegetales, y agregar por encima los granos de ajonjolí tostados en el horno, con pimentones en juliana, sofritos en aceite de oliva.
Acompañar con vegetales salteados y cualquier tipo de arroz.

Bacalao salado en mojito

6 porciones
40 minutos

Ingredientes

2 kg de bacalao salado
2 cebollas medianas rebanadas
4 dientes de ajo machacados muy menudos
4 ajíes dulces picados sin semillas bien menudos
½ pimentón (pimiento) rojo o anaranjado picadito
2 ramas de cilantro bien picadas con sus tallos
½ pimentón cortado en juliana, salteado en aceite de oliva
1 cucharadita de pimienta negra
1 cucharadita de comino
1 cucharadita de hojitas de tomillo picadas o en polvo
3 tomates maduros tipo perita, cortados menudos sin piel y semillas
1 cucharadita de azúcar morena
1 cucharada de salsa 57
1½ tazas de leche de coco
½ taza de vino blanco
1 cucharada de salsa inglesa
3 papas blancas medianas, peladas, cortadas en cuadritos pequeños
1 zanahoria pequeña rallada
Salsa picante al gusto
4 cucharadas de aceite de oliva onotado
1 cucharada de mantequilla
1 cucharada de perejil picadito
¼ taza de coco rallado

Preparación

Un día antes, poner a remojar el pescado en agua y limón asegurándose de que lo cubra. Cambiar el agua varias veces, ya sin limón, para que se elimine la sal, lo más posible. Desmenuzar el bacalao y reservar.

Hacer un sofrito en una sartén grande, con el aceite y mantequilla. Agregar los ajos y cebolla hasta que marchiten, luego, los ajíes, pimentones, cebollín, cilantro picado, pimienta, comino, azúcar y tomates. Cocinar por veinticinco minutos a fuego moderado.
Incorporar el bacalao, las papas en cuadritos, y la leche de coco que cubra todos los ingredientes. Colocar la zanahoria rallada, y picante al gusto.

Tapar y continuar cocinando a fuego bajo, por quince minutos o hasta que las papas estén blandas. Revolver con el tenedor hasta que se integren todos los ingredientes. Añadir los pimentones salteados en aceite de oliva, y echar por encima el coco rallado. Finalmente esparcir el perejil por arriba del pescado.

En Venezuela, gusta mucho en Semana Santa, y se acompaña con yuca hervida o frita, plátanos en almíbar, arepitas, tostones de plátanos o simplemente con arroz blanco y caraotas; pero los plátanos no pueden faltar.

Calamares en su tinta

6-8 porciones
1 hora y 30 minutos

Ingredientes

1½ kg de calamares
2 cebollas picaditas
1 tallo de cebollín picado (la parte blanca)
3 dientes de ajo machacados bien menudos
2 limones
2 cucharadas de aceite de oliva
1 cucharada de sal
2 tazas de consomé de pescado
¼ de taza de vino blanco

Preparación

Lavar los calamares. Eliminar la cabeza y los ojos. Sacar lo que trae en su parte interior, que tiene algo de grasa y un pico alargado, que parece de plástico, donde están los tentáculos. Separar la tinta que viene en la parte de arriba, en una bolsita cerca de los ojos y reservar. Seguir limpiando con limón para extraer la piel violácea que lo cubre. Voltearlos para asegurarse que está totalmente limpio. Poner bajo el chorro de agua, para eliminar todo el limón.

En dos tazas del caldo de pescado, agregar la tinta reservada, hervir a fuego alto por diez minutos y colar. Reservar.

En una olla o caldero, a fuego medio, sofreír con mantequilla y aceite, los ajos, la cebolla y el cebollín, hasta que estén cristalinos. Echar los calamares, ya cortados a uno o dos centímetros de espesor, y los tentáculos picados en forma alargada. Cocinar tapado por veinte minutos.

Agregar el vino, el caldo con la tinta y el perejil picadito, a fuego más alto, por cinco minutos. Bajar la temperatura y destaparlo. Cocinar de 30 a 35 minutos, hasta que la salsa espese al gusto.

Se acompaña con arroz o si se prefiere con espaguetis y queso al gusto.

Calamares fritos

6 porciones
1 hora

Ingredientes

1½ kg de calamares
1 cucharada de pimienta
1 limón
1 cucharada de sal
6 cucharadas de harina de trigo
2 tazas de aceite
2 huevos batidos
1 taza de pan rallado
1 taza de harina de trigo
Pimienta al gusto

Preparación

Lavar los calamares. Eliminar la cabeza y los ojos, y sacar lo que trae en su parte interior, que tiene algo de grasa y un pico alargado, que parece de plástico, donde están los tentáculos. Separar la tinta que viene en la parte de arriba, en una bolsita cerca de los ojos y desechar. Seguir limpiando con limón para extraer la piel violácea que lo cubre. Voltearlos para asegurarse que está totalmente limpio. Poner bajo el chorro de agua, para eliminar todo el limón.

Escurrir, secar, y cortar en círculos de un centímetro y medio de espesor.

Condimentar con sal y pimienta. Pasarlos por harina, sacudir, y luego, pasarlos por huevo batido y pan rallado.

Freír en un caldero, con bastante aceite, a fuego alto, por unos quince minutos hasta lograr que queden crujientes. Colocarlos en papel absorbente para eliminar el exceso de grasa.

Camarones al ajillo

6 porciones
30 minutos

Ingredientes

2 kg de camarones
10 dientes de ajo bien machacados
3 cucharadas de aceite de oliva
3 cucharadas de mantequilla
1 limón
1 cucharadita de pimienta
¼ taza de vino blanco
1 cucharada de sal
2 panes de trigo tipo canilla, rebanados
y tostados
Salsa picante al gusto

Preparación

Lavar los camarones, quitar cáscaras y venas, escurrir y condimentar con una cucharada de limón, sal y pimienta.

En una sartén, poner mantequilla y aceite a fuego bajo. Agregar los ajos, y sofreír por unos diez minutos. Agregar los camarones y continuar con el sofrito, a fuego bajito. Añadir el vino, y cocinar por ocho minutos o hasta que luzcan rosados.

Ya listos los camarones, comprobar los sabores, y poner más vino blanco, pimienta y sal si hiciera falta. Revolver para que se integren estos elementos por dos minutos. Agregar gotas de picante al gusto.

Servir en una bandeja con aceitunas rellenas con pimentón y con suficiente pan tostados al horno. Ideal para una comida informal.

Ceviche

6 porciones
8 horas y 15 minutos

Ingredientes

2 kg de róbalo o un buen pescado
blanco, rebanado en tiras
8 limones bien jugosos
1 cucharadita de pimienta blanca
1 cucharadita de pimienta negra
2 pimentones (pimientos) de diferentes
colores, cortados en juliana
1½ cucharadas de sal
2 cebollas medianas cortadas en juliana
Salsa picante al gusto
1 cucharadita de vinagre blanco
1 cucharada de aceite de oliva
Aceitunas rellenas con pimentón
Ramitas de cilantro
Ramitas de perejil rizado
½ taza de leche de coco (opcional)

Preparación

Poner en un envase de vidrio, el pescado, las cebollas y pimentones, y macerarlos la noche anterior o en la mañana temprano, con el jugo de limón, vinagre y sal. Revolver para que se unan los ingredientes. Llevar a la nevera y tapar.

Pasadas ocho horas, colar el contenido en colador de alambre y poner nuevamente en el envase el pescado, las cebollas y pimentones, y parte del líquido. Reservar el resto.

Cortar bien menudo el cilantro con sus tallos. Agregar al resto del líquido de la maceración mostaza, pimienta, aceite, picante, media taza de leche de coco, y batir con un tenedor hasta complementar los sabores. Echar esta vinagreta al pescado, finalizando así la elaboración del ceviche.

Colocar en una bandeja, con las aceitunas y unas ramitas de perejil en forma decorativa.

Crepes de mariscos

6 porciones
45 minutos

Ingredientes

½ kg de camarones limpios sin venas negras y cáscaras
¼ kg de cangrejo (preferible el que venden listo y precocido)
1 cucharada de mostaza
1 cucharada de salsa inglesa
1 cucharadita de salsa picante
1 cucharada de pasta de tomate
½ cucharadita de azúcar
1 cucharadita de salsa 57
½ cucharadita de sal
1 cucharada de salsa de tomate
1 cucharada de maicena
1 cucharadita de pimienta
½ cucharadita de sal
1 taza de cebolla picadita
2 dientes de ajo bien machacados
2 tallos de cebollín (la parte blanca) picaditos
1 cucharada de hojas de estragón
1 cucharada de mantequilla con sal
1 cucharada de mantequilla sin sal
1 taza de caldo de pescado
¼ de taza de vino blanco
1 cucharadita de aceite de oliva
½ taza de crema de leche

Para las crepes
1 taza de harina de trigo
1 taza de leche
1 cucharada de mantequilla
½ cucharadita de sal

Preparación

Sofreír a fuego moderado, con aceite y una cucharada de mantequilla, los ajos y cebollas por diez minutos hasta que estén bien marchitos. Luego, se agrega el cebollín, el estragón, y se continúa cocinando por cinco minutos.

Pasado este tiempo agregar los camarones, sal, pimienta, gotas picantes, cangrejo y vino, y cocinar por unos cinco minutos más, hasta que los camarones estén rosados. Revolver y esperar que el vino se seque un poco. Bajar la temperatura y reservar.

En una olla, poner el caldo de pescado, la mostaza, la salsa inglesa, el picante, la pasta de tomate, la pizca de azúcar, la sal, la salsa de tomate, la maicena y la pimienta, para preparar la salsa. Batir hasta que todo se vuelva homogéneo con batidor de alambre a fuego alto, por dos minutos, hasta que cuaje.

Preparar las crepes batiendo los ingredientes hasta lograr una crema. Dejar reposar por veinticinco minutos.

En una sartén de teflón o plancha especial, a fuego alto, echar la mezcla con un cucharón y enseguida bajar la temperatura a fuego medio. Cocinar de la misma manera que se hacen las panquecas, pero más delgadas, despegar las orillas y cocinar hasta dorar. Voltear ayudándose con espátula hasta que se doren por ambos lados. Se pasan a una bandeja y se reservan para el momento de rellenarlos.

Preparar un envase refractario rectangular y enmantequillarlo, donde se colocarán las crepes ya rellenas. Colocar en el centro de cada crepe dos cucharadas del sofrito de mariscos, enrollar, sujetar con palillo e ir colocando en el envase. Continuar hasta terminar con todas las crepes. Tapar el envase con papel de aluminio y llevarlo al horno, precalentado a 350°F y calentar por diez minutos.

Se debe hornear al momento de servir, y una vez calientes se ponen en una bandeja o se sirven individualmente. Finalizar agregando por encima la salsa.

Consejos útiles
• El cocinar crepes es solo cuestión de práctica, mientras más las preparas, más fácil se hace. Lo importante es que se tenga una buena sartén de teflón o material antiadherente que evite que se pegue la comida.
• Las crepes también pueden rellenarse con champiñones o pollo. Para esto se sigue la misma receta, y solo se sustituye el caldo de pescado por caldo de pollo.

Filete de merluza rebozado

6 porciones
20 minutos

Ingredientes

1 kg de merluza (6 filetes)
2 huevos batidos
3 cucharadas de harina de trigo
1 limón
1 taza de pan rallado
1 cucharadita de pimienta negra
1 cucharada de sal

Preparación

Condimentar los filetes con limón, sal y pimienta. Pasar cada uno por harina, luego por los huevos batidos y terminar con el pan rallado. Freír a fuego moderado, e ir depositándolos en una bandeja con papel absorbente para quitar el exceso de aceite.

Acompañar con tostones de plátanos verdes, papas fritas y lentejas.

Consejos útiles
• Los filetes también pueden ser de corvina, róbalo o pargo.
• En vez de ser fritos, se pueden empanizar y llevar al horno en una bandeja con papel encerado. Hornearlos por quince minutos a 350°F.
• Otra forma para hacer el rebozado es mezclar media taza de harina de trigo, media taza leche, dos huevos, un cuarto de cucharadita de sal.
• En vez de leche, se puede usar cerveza.

Filete de mero

6 porciones
30 minutos

Ingredientes

6 filetes de mero
1 limón
1 cucharadita de pimienta
1 cucharada de aceite de oliva
2 cucharadas de mantequilla
1 cucharadita de aceite de oliva
1 cucharada de sal
½ taza de vino blanco
1 cucharadita de romero
1 cucharadita de tomillo
1 cucharada de harina de trigo o de maicena

Preparación

Lavar los filetes con agua y limón, escurrir, secar y condimentar con sal, pimienta y cebolla en polvo. Esparcir la harina de trigo por encima de los filetes, y sacudir.

Poner en la sartén, el aceite y mantequilla, a fuego moderado. Sofreír cada filete de pescado, uno a uno, cocinándolos dos minutos por cada lado, hasta completar los seis. Pasar a un envase refractario enmantequillado. Precalentar el horno a 350°F, poner por encima del pescado, el romero, el tomillo, pimienta al gusto, y el vino que cubra todo el pescado. Se pone una cucharadita de mantequilla en el centro para que se impregne de esos sabores. Hornear destapado por ocho minutos. Llevar a la mesa de inmediato para que no se seque.

Para el contorno, le va muy bien las papas y los espárragos al vapor con perejil picadito por encima de las papas. Una combinación bonita y exquisita.

Langostinos con ciruelas

6 porciones
35 minutos

Ingredientes

1½ kg de langostinos
¼ kg de ciruelas pasas sin semillas
100 gramos de jamón serrano
6 dientes de ajo machacados
1 cucharada de sal
1 limón
2 cucharadas de aceite de oliva
2 cucharadas de mantequilla
¼ taza de vino blanco tipo jerez
Pan francés tipo canilla, horneado con
mantequilla, cortado y crujiente

Preparación

Lavar los langostinos con agua y limón, quitar las venas y cáscaras. Dejar la colita. Condimentar con sal, pimienta y reservar. Remojar las ciruelas en el vino. En un sartén, poner en aceite y mantequilla los ajos, sofreír a fuego mediano por quince minutos. Agregar la cebolla, y esperar hasta que se marchite. Secar los langostinos y llevarlos a la sartén. Cocinar por siete minutos. Cuando estén rosados echar las ciruelas y el vino. Continuar cocinando a fuego bajo, destapado, por cinco minutos, hasta que las ciruelas se abomben.

Poner lonjas pequeñas de jamón serrano en una bandeja, y completar con los langostinos y ciruelas para llevar a la mesa. Echar por encima aceite de oliva, y agregar queso manchego por las orillas de la bandeja.

Se acompaña con pan tostado tipo canilla. Ideal para una comida informal tipo tapas.

Pastel de atún

6 porciones
2 horas

Ingredientes

6 ruedas de pan de sándwich sin la corteza (o ½ kg de pan rallado)
3 tazas de leche
6 huevos
2 latas grandes de atún en aceite de oliva
1 cucharadita de sal
1 cucharadita de polvo de hornear
1 cucharadita de pimienta
2 cebollas medianas rebanadas menudas
1 cucharada de mostaza
1 cucharada de alcaparras bien picadas
6 aceitunas rebanadas
1 cucharada de salsa de tomate
2 cucharaditas de mantequilla

Preparación

Poner agua a hervir en una olla para baño de María. Enmantequillar el molde donde se cocinará el pastel. Freír las cebollas en un poco de aceite de oliva y el que trae el atún, y una cucharadita de mantequilla a fuego moderado por quince minutos hasta que se marchiten.

Remojar el pan en la leche sin la corteza. Poner en la licuadora con los huevos, la sal, la nuez moscada, el polvo de hornear, la pimienta, la mostaza y las alcaparras. Licuar a baja velocidad hasta que quede como puré. Sacar de la licuadora, agregar las cebollas, el atún desmenuzado y las aceitunas. Revolver y llevar al molde, donde se cocinará el pastel. Poner a fuego alto en la olla apropiada para baño de María, por unos cinco minutos. Bajar la temperatura y tapar, para seguir cocinando por una hora y media.

Pasado ese tiempo, hacer la prueba del cuchillo, introduciendo este en el centro del pastel. Si sale limpio, el pastel ya está listo. De no ser así, seguir cocinándolo un tiempo más.

Para presentar, sacar el envase, y esperar que repose un rato. Para voltear el pastel, tapar con una tapa o plato preferible de mayor tamaño, mantenerlo bien sujeto, voltearlo y ponerlo en una bandeja o en el mismo plato, y llevar a la mesa.

Se adorna con gotas de salsa de tomate y gotas de mostaza.

Róbalo con crema de jojoto (maíz)

6 porciones
30 minutos

Ingredientes

1½ kg filetes de pescado tipo róbalo o blanco parecido
2 latas de crema de jojoto (crema de maíz tierno)
1 cucharada de sal
1 cebolla picada
1 tallo de cebollín picado (la parte blanca)
1 cucharadita de pimienta
½ taza de vino blanco
1 cucharadita de nuez moscada
Unas gotas de salsa picante
1 cucharada de aceite de oliva
2 cucharadas de mantequilla
1 limón

Preparación

Condimentar el róbalo con sal, pimienta y limón. Poner el aceite y mantequilla en la sartén y sofreír a fuego moderado los filetes, por ambos lados, por unos diez minutos. Al estar listos, sacar y reservar.

Llevar la cebolla y el pimentón al sartén, y sofreír por unos diez minutos hasta que la cebolla esté cristalina.

En un envase refractario, enmantequillado, agregar los filetes y poner encima el sofrito de cebolla y pimentón, agregar el queso rallado y la crema de jojoto, a la cual le has agregado la nuez moscada, que se debe batir muy bien con la crema.

Llevar al horno precalentado a 350°F, por diez minutos.

Ruedas de carite en escabeche

6 porciones
30 minutos

Ingredientes

Ingredientes
6 ruedas de carite (puede ser otro parecido)
2 cebollas medianas rebanadas
1 pimentón (pimiento) verde cortado en juliana
1 pimentón rojo o de otro color picadito
1 cucharadita de salsa de soya (opcional)
1 cucharadita de pimienta negra
1 cucharada de sal
1 limón
2 cucharadas de aceite de maíz
3 cucharadas de harina de trigo
6 aceitunas rebanadas
1 cucharadita de alcaparras pequeñas
1 cucharadita de vinagre balsámico

Preparación

Condimentar el pescado con limón, sal, pimienta y dejarlo reposar por diez minutos. Secar un poco el pescado con papel absorbente.

Pasar por harina para freír las ruedas, una por una, por ambos lados, a fuego moderado, aproximadamente unos diez minutos, y colocarlas en un envase refractario enmantequillado.

Llevar las cebollas a la sartén y sofreír hasta estar cristalinas. Agregar el pimentón picado, el pimentón en juliana, y sofreír un poco para poner por encima de las ruedas de carite, junto con la cebolla, alcaparras, aceitunas y vino.

Tapar el envase con papel de aluminio y llevar al horno, precalentado a 350°F, por seis minutos. Destapar por dos minutos, sacar del horno y servir.

Salmón estilo asiático

6 porciones
30 minutos

Ingredientes

1½ kg de salmón con su piel
2 cucharadas de salsa de soya
¼ taza de vino blanco
1 cucharadita de sal
2 cucharadas de azúcar morena o trozo de papelón
2 cucharadas de Organic Mellow White Miso (opcional)
1 cucharadita de pimienta
1 cucharada de aceite
3 ramas de cebollín picadito (la parte blanca)
2 cucharadas de agua caliente para diluir el Mellow White Miso
1 cucharada de semillas de ajonjolí tostadas

Preparación

En un envase refractario enmantequillado, poner el pescado con la parte de la piel hacia arriba, para que sea la primera que se cocine, y dorar en el horno precalentado a 450°F. Hornear por ocho minutos.

Mientras tanto, hacer una vinagreta con todos los ingredientes, menos las semillas de ajonjolí, que se agregan al final del horneado.

Luego de pasado el tiempo en el horno, sacar y voltear el pescado, echar por encima la vinagreta.

Llevar a hornear nuevamente tapado, bajando la temperatura a 350°F por quince minutos. Sacar del horno.

Dorar las semillas de ajonjolí en el horno, sobre papel de aluminio por un minuto y agregarlas por encima al salmón. Llevar a la mesa de inmediato.

Se complementa con papas a la crema horneadas y ensalada.

Salpicón de mariscos

6 porciones
2 horas y 30 minutos

Ingredientes

1 pulpo mediano
½ kg de calamares
¼ kg de pepitonas frescas o en lata
½ kg de camarones
10 langostinos
100 gramos de cangrejos precocidos (opcional)
1 limón
1 cucharada de sal
1 cucharadita de pimienta
1 cebolla cortada en juliana
1 pimentón (pimiento) cortado en juliana
1 cucharada de vinagre balsámico
1 cucharada de vinagre blanco
10 aceitunas rellenas con pimentón
1 cucharada del vinagre de las aceitunas
1 cucharada de mostaza
1 cucharada de alcaparras pequeñas
4 cucharadas de aceite de oliva

Preparación

Lavar y limpiar muy bien el pulpo con limón y abundante agua. Botar la parte interna, y lavar esa parte muy bien con limón. Cocinar con sal por una hora y media, tapado, a fuego bajo. Pasado ese tiempo, bajar del fuego, botar el agua y reservar. Quitarle la piel. (Se puede comprar precocido y se ahorra tiempo).

Lavar los calamares. Eliminar la cabeza y los ojos. Sacar lo que trae en su parte interior, que tiene algo de grasa y un pico alargado, que parece de plástico, donde están los tentáculos. Separar la tinta que viene en la parte de arriba, en una bolsita cerca de los ojos y desechar. Seguir limpiando con limón y retirar la piel violácea que lo cubre. Voltearlo para asegurarse de que esté totalmente limpio. Poner bajo el chorro de agua, para eliminar todo el limón.

Cocinar por unos treinta minutos con una cucharadita de sal, tapado a fuego moderado. Botar el agua y reservarlos (también se pueden comprar precocidos).

Lavar los camarones y langostinos con agua y limón. Quitar las venas negras y las cáscaras. En una olla, con una cucharadita de sal, hervirlos por unos cinco minutos hasta que se pongan rosados. Botar el agua y reservarlos.

Lavar las pepitonas con agua con limón y media cucharadita de sal. Cocinar por una hora, tapadas a fuego moderado. Botar agua y reservar (comprarlas en lata si es posible).

Picar el pulpo en tiras o en ruedas. Picar los calamares en forma de dados a un centímetro y medio. Cortar sus tentáculos menudos, que se vean bonitos.

Hacer una vinagreta con la mostaza, dos cucharadas del vinagre de las aceitunas y de las alcaparras, pimienta, aceite de oliva y la salsa inglesa. Batir y reservar.

Macerar las cebollas en vinagre blanco y limón, por diez minutos, colar y agregar a los mariscos con el resto de los ingredientes. Revolver con tenedor para unir todos los sabores.

Llevar a un envase de cristal. Poner aceitunas rellenas de pimentón y perejil picadito.

Consejo útil
• Al comprar los mariscos precocidos se ahorra tiempo y queda igual de sabroso.

Sardinas fritas

4 porciones
20 minutos

Ingredientes

8 sardinas
2 limones
Suficiente aceite para freír
(no aceite de oliva)
1 cucharada de sal
1 cucharadita de pimienta

Preparación

Lavar bajo el chorro de agua las sardinas y quitar las escamas. Abrirlas y retirar las agallas y las tripas. Colocarlas en un envase con zumo del limón y suficiente agua que las cubra totalmente, remojarlas por una media hora. Pasado ese tiempo, escurrirlas y secarlas muy bien. Condimentar con sal y pimienta.

En un caldero hondo, a temperatura alta, agregar bastante aceite, esperar a que esté caliente, y freír las sardinas, una por una, por ambos lados hasta lograr que se vean bien fritas, casi como chicharrón, bien crujientes (no quemar).

Colocarlas en una bandeja con papel absorbente para que absorba el exceso de grasa. Se lleva a la mesa, de inmediato.

Se pueden acompañar con tostones de plátano y yuca frita.

Consejos útiles
• Si se logra una buena fritura, se pueden comer totalmente, porque sus espinas se podrán masticar fácilmente.
• Se le puede pedir al pescadero que las limpie, y así ahorras tiempo y trabajo.

Salsas y Vinagretas

Vinagreta a la Arlene

6 porciones
15 minutos

Ingredientes

¼ taza de aceite de oliva
2 cucharadas de vinagre balsámico
1 cucharada de vinagre blanco
1 cucharada de salsa inglesa
2 cucharadas de mostaza
1 cucharadita de pimienta
1 cucharadita de sal
2 cucharadas de miel de abejas o agave,
o una cucharada de azúcar morena
(opcional)

Preparación

Batir todos los ingredientes con batidor de mano por diez minutos, y agregar a la ensalada al momento de llevar a la mesa. Se puede elaborar y guardar en nevera.

Consejos útiles
• Para que las ensaladas resulten más agradables al gusto y luzcan más apetitosas, agregar frutas como mango, pera, uvas, piña cortadita o frutas secas que venden en el mercado, también almendras. Todo depende de la imaginación que le pongas.
• El tomate cortado, la zanahoria rallada y los rábanos son ideales para dar colorido.

Aceite onotado

6 porciones
20 minutos

Ingredientes

2 tazas de aceite
4 cucharadas de onoto en granos

Preparación

En una olla o sartén, poner el aceite a calentar a fuego moderado. Agregar los granos de onoto y cocinar por unos diez minutos, hasta que se logre un aceite bien amarillo. Hay que procurar que no se queme ningún grano, porque toma mal sabor.

Se deja enfriar y se cuela en colador de alambre. Se guarda en un envase de aluminio tapado o en uno plástico en la nevera para preservar.

Este aceite se usa para la elaboración de platos típicos venezolanos como las hallacas y las empanadas.

Guacamole

6 porciones
15 minutos

Ingredientes

3 aguacates grandes o 5 pequeños
1 cebolla grande morada o blanca
2 ajíes jalapeños sin semilla
Unas ramas de cilantro picaditas con sus tallos
Salsa picante
1 cucharada de vinagre balsámico
1 cucharadita de pimienta
1 cucharadita de sal
1 cucharadita de vinagre blanco
2 cucharadas de aceite de oliva

Preparación

Picar bien menuda la cebolla. Ponerla un rato en el vinagre blanco y limón. Aplastar los aguacates con el tenedor. Picar finitos los ajíes.

Escurrir bien la cebolla en un colador de alambre, y llevar todos los ingredientes a un envase uniéndolos muy bien con el aceite y la sal.

Agregar las semillas del aguacate a la mezcla para que el guacamole no se oscurezca. Se pone el picante al gusto.

El guacamole es un buen acompañante para carnes a la parrilla y yuca sancochada.

Guasacaca #1

6 porciones
20 minutos

Ingredientes

5 aguacates maduros o 3 si son grandes (comprar tres días antes)
3 tomates pintones casi verdes
2 cebollas medianas
2 limones
2 pimentones (pimientos) verdes
5 ramitas de cilantro con sus tallos picaditas
1 hoja de célery picadita
1 cucharadita de pimienta negra
¼ de taza de perejil picadito
3 tallos de célery picaditos

Vinagreta

½ taza de aceite de oliva
1 cucharada de sal
1 cucharadita de pimienta negra
1 cucharada de mostaza
1 cucharada de salsa inglesa
1 cucharada de vinagre blanco
1 cucharada de vinagre balsámico
Chorrito de limón
Picante al gusto
¼ de cucharadita de limón rallado
1 cucharada de miel o azúcar morena

Preparación

Rallar la cebolla, y macerar en jugo de limón y vinagre blanco por diez minutos. Escurrir la cebolla en colador de metal y reservar. Rallar los tomates y un pimentón y medio. Picar menudo la otra mitad del pimentón, el cilantro con sus tallos y la hoja de célery. Unir todos los ingredientes con sal, aceite, vinagre blanco, vinagre balsámico, pimienta, salsa inglesa y mostaza. Al momento de servir, triturar los aguacates con tenedor y unirlos al resto de los ingredientes. Agregar las semillas de aguacate y un chorrito de limón para preservar el color. Poner gotas picantes. Agregar perejil picadito por encima.

Guasacaca #2

6 porciones
20 minutos

Ingredientes

3 aguacates medianos o 4 pequeños
1 cebolla grande rallada
2 pimentones (pimientos) verdes rallados
2 tallos de célery bien picados
6 ramas de cilantro con sus tallos bien picadas
1 hoja de célery picadita
2 tomates pintones duros rallados
2 cucharadas de limón
1 cucharadita de mostaza
1 cucharadita de pimienta negra
1 cucharada de sal
1 cucharadita salsa picante
1 cucharada de vinagre balsámico
1 cucharadita de vinagre blanco
3 cucharadas de aceite de oliva.
1 cucharada de salsa inglesa
¼ de pepinillo agridulce bien picadito

Preparación

Unir todos los ingredientes, dejando de último los aguacates, los cuales, se aplastan con tenedor y se agregan a todo el contenido. Seguir revolviendo, hasta que todo se unifique.

Servir en una fuente y dejar las semillas del aguacate en la guasacaca para que no se oscurezca.

Mantener tapada en la nevera y consumir el mismo día.

Excelente para acompañar carnes a la parrilla.

Guasacaca #3

6 porciones
15 minutos

Ingredientes

4 aguacates
1 cebolla grande morada
1 pimentón (pimiento) largo verde
1 ají verde dulce
3 ramitas de cilantro con tallos, picadas
½ cucharada de jugo de limón
¾ cucharada de sal
1 cucharadita de pimienta
1 cucharadita de vinagre balsámico
¼ taza de aceite de oliva
Salsa picante al gusto
¼ cucharadita de ralladura de limón
2 tazas de tallos de célery picadito y 2 hojas picaditas

Preparación

Picar bien pequeños el ají dulce, el pimentón y la cebolla, agregarle el jugo de limón con el cilantro bien menudo.

Unir los ingredientes restantes, dejando para el último momento el aguacate, que se tritura y se lleva a un envase con sus semillas para que no se ponga oscura la guasacaca.

Ponerle gotas de salsa picante

Para acompañar carnes a la parrilla.

Guasacaca roja

6 porciones
15 minutos

Ingredientes

4 tomates tipo perita que estén duros, sin semillas, picaditos
2 cebollas moradas ralladas
3 ajíes rojos dulces picaditos, sin semillas
1 pimentón (pimiento) rojo rallado
1 zanahoria rallada
1 cucharada de sal
1 cucharadita de pimienta
4 ramas de cilantro picadito
1 cucharada de vinagre balsámico
1 cucharadita de vinagre blanco
1 cucharadita de salsa picante
1 cucharada de salsa inglesa
1 cucharadita de mostaza
4 cucharadas de aceite de oliva

Preparación

Unir todos los ingredientes con tenedor hasta que quede unificado. Agregar el aceite y poner en envase de vidrio para llevar a la mesa como acompañante de carnes a la parrilla.

Salsa bernaise

4 porciones
20 minutos

Ingredientes

8 cucharadas de mantequilla
4 cucharadas de vinagre de estragón o blanco
¼ de taza de vino blanco seco
½ cucharadita de pimienta blanca
2 cucharadas de hojas de estragón picadas
4 yemas de huevo
1 cucharadita de sal

Preparación

Derretir la mantequilla y mantenerla tibia. En una olla pequeña colocar el vino, el vinagre, las hojas de estragón y la sal, y cocinar a fuego moderado para reducir un poco el líquido.

Poner en la licuadora las yemas de huevo, agregar el limón, la pimienta y mezcla del vinagre, vino y estragón.

Batir a velocidad fuerte por unos dos minutos, y en forma lenta y suave se va agregando la mantequilla, hasta que quede muy cremosa.

Colocar en un envase de servir.

Es muy agradable encima de bistecs, rosbif y, sobre todo, con medallones de carne de res. Antes de servir se calienta en baño de María.

Salsa blanca o bechamel

6 porciones
6 minutos

Ingredientes

2 tazas de leche
2 cucharadas de harina de trigo
2 cucharadas de mantequilla

Preparación

En un envase colocar la leche tibia, la harina y la mantequilla, y batir bien hasta que no tenga grumos. Luego, llevar esta mezcla a una olla y calentar a fuego moderado hasta que haga burbujas, se levante y cuaje.

Agregar sal al gusto.

Versión lasaña/ pasticho o canelones

Ingredientes:

½ cucharada de sal
1 cebolla pequeña
4 cucharadas de mantequilla
4 tazas de leche
4 cucharadas de harina de trigo
1 cucharadita de nuez moscada

Preparación

Cortar la cebolla en cuadritos pequeños y freír en una cucharada de mantequilla, hasta que se vea cristalina y apartar. En una olla antiadherente, calentar la leche a fuego moderado. Apenas esté tibia agregar la sal, la harina, la nuez moscada y las cuatro cucharadas de mantequilla. Revolver la salsa con una cuchara de madera. Incorporar la cebolla reservada, y continuar cocinando hasta que al subir la crema haga burbujas, este será el indicador de que ya está lista.

Consejos útiles
• Si desea preparar más, por cada taza de leche, agregue una cucharada de harina y una cucharada de mantequilla.

Salsa de tomates

1 porción
4 horas

Ingredientes

2 kg de tomates bien maduros
8 dientes de ajo muy machacados y cortados
1 cebolla mediana muy picada
4 cucharadas de pasta de tomate
1½ cucharadas de sal
1 cucharadita de pimienta
4 cucharadas de aceite de oliva
1 cucharada de mantequilla
4 cucharadas de albahaca picadita
1 cucharadita de tomillo
½ cucharadita de orégano
1 cucharada de azúcar
1 taza de zanahoria rallada
4 tazas de agua caliente

Preparación

En una olla con el aceite y mantequilla, sofreír los ajos y la cebolla, a fuego bajo, hasta que estén bien cocidos, por quince minutos. Picar los tomates con las manos o cuchillo plástico, y eliminar la piel y las semillas, agregarlos al sofrito junto al resto de los ingredientes con tres tazas de agua caliente.

Cocinar tapado, a fuego bajo, por unas cuatro horas, revolviendo con una cuchara de madera de vez en cuando. Si se llega a secar un poco, agregar agua bien caliente.

Se puede guardar en frascos bien tapados.

Salsa holandesa

4 porciones
5 minutos

Ingredientes

9 cucharadas de mantequilla derretida
(no caliente)
3 yemas de huevo
¾ cucharada de jugo de limón
¼ de cucharadita de sal
Una pizca de pimienta blanca

Preparación

Pasar el envase de la licuadora por agua caliente. Secar muy bien, es importante que se sienta algo caliente (nunca frío).

Echar todos los ingredientes, menos la mantequilla y encender la licuadora. Agregar la mantequilla suavemente en forma de chorrito, contar diez segundos y apagar. Debe quedar suave y cremosa.

De estar muy gruesa, echar una cucharadita de agua tibia y batir con batidor de alambre. Conservar caliente en baño de María para servir al momento.

Se recomienda para cubrir espárragos al vapor y para algunas carnes.

Salsa mayonesa

1 porción
7 minutos

Ingredientes

1 taza de aceite de oliva
1 huevo
Una yema de huevo cocida
Una pizca de pimienta blanca o negra
¼ cucharadita de sal
½ cucharadita de mostaza
½ cucharada de jugo de limón

Preparación

En una licuadora bien seca, lavada con agua caliente, agregar el limón y todos los ingredientes batiendo a alta velocidad, por cinco minutos. Luego, ir echando, en forma de chorrito y despacio, el aceite, hasta que cuaje. En unos dos minutos debería estar lista la mayonesa.

Consejos útiles
• Es importante que el ácido y los huevos se batan primero.
• Se puede agregar un cuarto de cucharadita de vinagre, también al principio.

Salsa rosada

1 porción
5 minutos

Ingredientes

1 taza de mayonesa
1 cucharadita de mostaza
4 cucharadas de salsa de tomate kétchup
1 cucharadita de salsa inglesa
1 cucharadita de pimienta
1 cucharadita de limón
1 cucharadita de sal

Preparación

Batir todos los ingredientes, con un batidor de alambre y reservar.

Sirve para acompañar camarones con aguacate, huevos de codorniz y salchichas.

Arroz

Paella estilo venezolano

8-10 porciones
1 hora y 40 minutos

Ingredientes

3 tazas de arroz de primera
6 cucharadas de aceite de oliva
4 dientes de ajo machacados
2 cebollas picadas muy menudas
2 pimentones (pimientos) de colores sin semillas ni piel
1 taza de guisantes
1 taza de aceitunas rellenas de pimentón
1 cucharadita de aceite de oliva onotado o una cucharadita de azafrán
1 kg de presas de pollo picadas sin grasa, hueso o piel, lavadas con agua y limón
1 kg de cochino (cerdo) picado en trozos pequeños
½ kg de calamares limpios picados de un centímetro de diámetro (solo unos pocos tentáculos)
½ kg de camarones
8 langostinos sin venas oscuras y cáscaras (reservar cáscaras)
2 tazas de agua caliente
4 tazas de caldo caliente de los camarones y langostinos
1 limón
1 cucharada de comino
½ cucharada de pimienta
1½ cucharada de sal
2 cucharadas de mantequilla
1 cucharada de aceite de oliva
½ taza de vino blanco (preferible jerez)

Preparación

Sofreír a fuego mediano los ajos y las cebolla en aceite y una cucharadita de mantequilla por 20 minutos. Reservar.

Condimentar el pollo, cochino, y calamares, con sal, comino y pimienta.

En una paellera o sartén grande apropiado para paella, poner el aceite a fuego alto e ir agregando las presas de pollo, una a una, bien escurridas, hasta dorar por ambos lados. Hacer lo mismo con el cochino y los calamares. Una vez dorados, bajar la temperatura a fuego moderado. Este procedimiento dura unos treinta minutos. Sacar todo y reservar.

Aparte, hacer un caldo con las cáscaras de camarones y langostinos, en cuatro tazas de agua, con una cucharadita de limón y sal, por diez minutos. Colar y reservar el caldo.

Agregar aceite a la paellera, e ir echando el arroz gradualmente, revolver, añadir el caldo reservado y dos tazas de agua bien caliente, los ajos, cebolla y el aceite onotado o azafrán, revolviendo con tenedor para que todos los ingredientes se integren a la vez. Mantener el fuego alto. Echar los camarones, pollo, calamares y cochino que tenemos en reserva y bajar la llama a fuego mediano. Esperar quince minutos para tapar la paellera con papel de aluminio, y seguir a fuego bajo por diez minutos más.

Pasado este tiempo, destapar y agregar los guisantes, los pimentones y, por último, los langostinos en las orillas de la paellera, en forma decorativa. Agregar el vino y tapar. Continuar a fuego lento, por unos diez minutos y apagar. Rociar un poco de vino y aceitunas, y dejar reposar unos cinco minutos para retirar de la hornilla. Rectificar sabores y poner sal si hiciera falta.

Acompañar con pan dorado en mantequilla, y casabe enmantequillado con queso rallado que se dora en el horno por cinco minutos. Acompañar con un buen vino blanco y una ensalada que contenga frutas. De postre, cascos de guayaba con queso crema.

Consejos útiles
• Se puede sustituir el azafrán por dos cucharadas de zanahoria rallada.
• Si la cocina es eléctrica, apagar la llama cinco minutos antes, ya que después de apagada sigue caliente. Retirar de la hornilla y dejar reposar tapado por cinco minutos.
• Es normal que el arroz se pegue un poco en la paellera. Se puede raspar un poco ya que a muchos nos gusta esa parte.

Arroz a la cubana

8 porciones
1 hora y 15 minutos

Ingredientes

2 tazas de arroz
4 tazas de caldo de pollo, res o agua
1 cebolla picada bien menuda
2 dientes de ajo machacados
1 pimentón (pimiento) bien picado
1 rama de cilantro picadito con sus tallos
1 cucharada de sal
1 cucharada de comino
1 chorrito de salsa picante
Una cucharadita de pimienta
1 cucharada de salsa 57
3 cucharadas de aceite onotado (receta en la sección de Salsas y Vinagretas)
1 kg de cochino (cerdo) picado en trozos pequeños
2 plátanos maduros cortados en rodajas delgadas

Preparación

Condimentar el cochino con sal, salsa 57, comino, pimienta y ajos machacados. Reposar por media hora.

En una olla o caldero, freír a fuego alto los trozos de cochino en el aceite onotado. Una vez frito el cochino, bajar la temperatura a fuego medio y agregar la cebolla, pimentón y cilantro para que los condimentos se unan. Cocinar por unos veinticinco minutos. Luego echar el arroz, y por último el caldo. Bajar el fuego y dejar que hierva por diez minutos.

Lavar bien los plátanos y secar, mantener sus conchas y cortarlos en ruedas. Ponerlos por encima del arroz y tapar la olla por unos veinticinco minutos, a fuego bajo, hasta que el arroz esté listo. Apagar el fuego y poner por encima una cucharadita de aceite de oliva. Dejarlo reposar por cinco minutos antes servir.

Se acompaña con ensalada.

Arroz amarillo

8 porciones
45 minutos

Ingredientes

2 tazas de arroz
4 tazas de caldo de carne o pollo
1 cebolla mediana picada
2 dientes de ajo machacados y
picaditos (o 1 cucharada de ajo molido)
1 taza de zanahoria rallada
1 taza de auyama (calabaza) rallada
1 cucharadita de aceite onotado
1 cucharada de mantequilla
1 cucharada de sal
Queso parmesano al gusto

Preparación

En una olla, poner el aceite y la mantequilla a fuego moderado, sofreír los ajos y la cebolla hasta marchitar.

Agregar el caldo, la auyama y zanahoria, y al hervir, tapar y cocinar por diez minutos a fuego bajo.

Echar el arroz para continuar cocinando destapado por quince minutos a fuego mediano.

Revolver con un tenedor y tapar de nuevo. Bajar el calor y esperar diez minutos para apagar. Revolver de nuevo y poner una cucharadita de mantequilla. Dejar sobre la hornilla apagada para que termine de cocinarse.

Reposar para llevar a la mesa, y ofrecer con queso parmesano rallado. Ideal como acompañante de carnes o pescado.

Arroz blanco

8 porciones
30 minutos

Ingredientes

2 tazas de arroz blanco de buena calidad
1 cucharada de aceite de oliva
1 cucharadita de ajo en polvo
2 cucharaditas de sal
1 cucharada de jugo de limón

Preparación

Remojar el arroz con agua y limón por cinco minutos, pasar por el colador de alambre bajo el chorro de agua. Escurrirlo muy bien.

En una olla poner a hervir cuatro tazas de agua, agregar el arroz, sal, aceite y ajo en polvo. Revolver los ingredientes con un tenedor, reducir el fuego a moderado y continuar cocinando destapado, por quince minutos. Pasado ese tiempo, bajar la temperatura y tapar por quince minutos más. Apagar el fuego y reposar.

También podemos cocinar el arroz de otra manera. Se pueden poner en la olla dos cucharadas de aceite, freír dos dientes enteros de ajo, a fuego mediano, hasta dorar, y agregar el arroz. Revolver con una cuchara de madera por unos cinco minutos. Agregar cuatro tazas de agua caliente, una cucharadita de sal, bajar la llama, dejar destapado y cocinar por quince minutos. Luego, retirar los dientes de ajo. Tapar y esperar quince minutos a que esté cocido. Apagar y reposar.

Consejo útil
• El lavar el arroz con agua y limón es opcional, sin embargo, queda más suelto y blanco.

Arroz blanco con champiñones

6 porciones
40 minutos

Ingredientes

1 cebolla blanca bien picada
4 dientes de ajo machacados
y picados menudos
250 gr de champiñones picados
2 tazas de arroz blanco
4 tazas de caldo de pollo o de carne
1 cucharada de aceite de oliva
1 cucharadita de mantequilla
¼ de taza de vino blanco

Preparación

Sofreír la cebolla y los ajos en aceite y mantequilla, a fuego mediano. Esperar a que estén cristalinos. Limpiar los champiñones, eliminando la parte dura del tallo y la piel que cubre sus sombreritos. Agregarlos al sofrito hasta lograr que su líquido se seque, esto toma unos veinte minutos. En una olla, poner a hervir el caldo.

Añadir el arroz al sofrito de los champiñones a fuego alto por quince minutos. Revolver. Bajar el fuego. Tapar la olla, y cocinar por diez minutos. Luego agregar el vino, apagar y dejar en la hornilla por cinco minutos más. Retirar de la hornilla, y dejar reposar, tapado, por unos minutos.

Enmantequillar un refractario y colocar el preparado del arroz. Revolver con tenedor, y gradualmente ir agregando queso parmesano. Llevar al horno precalentado, destapado, a 350°F por cinco minutos. Tapar y dejar cocinando por cinco minutos más.

Se puede servir para acompañar carnes rojas, pollos o pescado.

Arroz blanco con mariscos

6 porciones
40 minutos

Ingredientes

2 tazas de arroz de buena calidad
½ kg de camarones
6 langostinos
3 dientes de ajo machacados
1 cebolla mediana picadita
½ kg de calamares
½ kg de guacucos y algunas otras conchas
1 limón
2 pimentones (pimientos) asados sin piel y semillas
2 cucharadas de mantequilla
2 cucharadas de aceite de oliva
1 cucharadita de pimienta negra
Una pizca de pimienta blanca
6 mejillones lavados en agua y limón
4¼ tazas de agua
¼ taza de vino blanco
Azafrán al gusto para dar color o una zanahoria rallada o una cucharadita de onoto

Preparación

Lavar con agua y limón los camarones y langostinos. Quitar sus venas oscuras y botar. Lavar sus cáscaras y reservar. Lavar los calamares quitándoles la piel oscura y la cabeza, y sacar lo que tienen en su interior. Reservar algunos tentáculos. Cortar los calamares en ruedas y picar los tentáculos. Se lavan los guacucos y se ponen en dos tazas de agua a cocinar por diez minutos. Se cuelan en colador de alambre y luego en uno de tela, y se reserva el caldo. Se les extrae la carne y se reserva. Los que no se abrieron se botan.

Mientras tanto, las cáscaras reservadas se llevan a hervir con el agua de los guacucos por unos seis minutos. Colar en colador de tela húmeda y reservar.

En una sartén honda tipo paellera, se agrega la mantequilla y el aceite para sofreír los ajos y cebolla por quince minutos a fuego moderado hasta que estén marchitos. A continuación, se unen al sofrito todos los mariscos, incluyendo la carne de los guacucos. Se agrega el vino, la sal, la pimienta y el arroz. Revolver con tenedor. Añadir el azafrán, y seguir revolviendo para unir todo el contenido.

Agregar el agua caliente de las conchas reservadas para seguir cocinando a fuego moderado, destapado, por quince minutos. Revolver de nuevo, y poner por encima los pimentones, las aceitunas, los mejillones y el vino. Se sigue cocinando tapado, a fuego bajo, con papel de aluminio por quince minutos.

Servirlo con vino blanco.

Arroz con pollo

6 porciones
2 horas y 30 minutos

Ingredientes

1 pollo grande
1 cebolla grande rallada
2 cucharadas de zanahoria rallada
4 dientes de ajo bien machacados
1 pimentón (pimiento)
picado en juliana no muy delgada
1½ cucharadas de sal
1 cucharada de comino
1 cucharadita de pimienta
1 cucharada de salsa 57

1 cucharadita de salsa inglesa
3 cucharadas de aceite de oliva
1 cucharada de mantequilla
½ taza de vino blanco
1 limón
¼ kg de cochino picado
3 lonjas de tocineta
2 tazas de arroz
4 tazas de caldo de pollo

Preparación

Lavar el pollo en agua y limón, quitarle la grasa, piel grasienta y picar en presas. Escurrir bien. Cortar la pechuga en trozos pequeños. Condimentar con los ajos machacados, la cebolla rallada, comino, pimienta, sal, salsa 57 y salsa inglesa. Dejar reposar una o dos horas en la nevera.
Freír las tocinetas en aceite y reservar. Deben quedar crujientes.

En un caldero, o algo parecido, poner el aceite, y freír las presas una por una, dando vueltas por treinta minutos para que se doren. Igual se hace con el cochino. Agregar las tocinetas en pedacitos e ir reservando todo en un envase. Echar al caldero cuatro tazas de caldo de pollo. Si no se tiene caldo, se puede sustituir por cuatro tazas de agua con un cubito de caldo concentrado. Poner la zanahoria rallada y la sal restante revolviendo.

Agregar el arroz, el pollo, el cochino y la tocineta. Cocinar a fuego moderado por quince minutos, destapado todo el tiempo. Revolver con tenedor, y poner el vino y los pimentones encima.
Tapar por diez minutos, dejándolo en la hornilla, a fuego bajo, por cinco minutos, para que se termine de cocinar el arroz, sin quitar la tapa y no se escape el vapor. Apagar y dejar reposar por cinco minutos, tapado. Quitar de la hornilla y esperar que se repose para servir.

Consejo útil

• No revolver el arroz con cuchara. Usar siempre tenedor.

Arroz con vegetales

6 porciones
45 minutos

Ingredientes

2 tazas de arroz blanco cocido
1 cebolla grande o 2 medianas picaditas
2 pimentones (pimientos) picaditos
3 tallos de cebollín picaditos
3 tallos de célery picaditos
2 chuletas de cochino ahumadas fritas (sin hueso)
Salsa picante al gusto
2 cucharadas de aceite de oliva
1 cucharadita de pimienta
2 cucharadas de salsa de soya
Sal al gusto

Preparación

Cocinar el arroz con anterioridad y reservar (receta en la sección de Arroz). Sofreír la cebolla hasta verla cristalina en el aceite.

Agregar los vegetales y cocinar por diez minutos vigilando que no se pasen de cocción. Deben quedar duritos. Por último, añadir las chuletas picadas y el arroz, sazonar con pimienta y salsa de soya y agregar sal al gusto.

Consejos útiles
• Se pueden utilizar chuletas sin ahumar, pero estas deben ser cocidas con anterioridad. Igual se deben cortar en trozos pequeños y desechar los huesos.
• En vez de cochino, se puede preparar este arroz con pollo o carne ya cocidos.

Arroz estilo asiático

6 porciones
35 minutos

Ingredientes

2 tazas de arroz blanco cocido
2 cucharadas de aceite
1 huevo batido hecho tortilla y después picadita
1 cebolla mediana picada
1 pimentón (pimiento) picadito
1 cucharadita de jengibre rallado
1 zanahoria rallada no menuda
2 tallos de célery picadito
1 paquete pequeño de brotes de soya

½ taza de piña cocida picadita
¼ de kilo de pollo ya cocido (puede ser un resto que se tenga en nevera)
¼ de kg de cochino (cerdo) cocido anteriormente
¼ de kg de camarones cocidos recientemente
2 cucharadas de jugo de piña
3 cucharadas de salsa de soya
Varias gotas de aceite de sésamo
3 lonjas de tocineta bien fritas y trituradas
1 cucharadita de maicena

Preparación

Cocinar el arroz con anterioridad y reservar (receta en la sección de Arroz). En una olla o caldero, poner el aceite a fuego moderado y cocinar la cebolla hasta que esté cristalina.

Agregar el pimentón, el célery, la zanahoria, los brotes de soya y jengibre, y sofreír por diez minutos. Bajar la temperatura e integrar el arroz. Cocinar por seis minutos más, revolviendo siempre con un tenedor para que quede suelto.

Hacer una salsa de piña con media taza de agua hirviendo, dos cucharadas de jugo de piña y varios trocitos de la fruta (reservar otros trocitos para agregar al arroz). Cocinar por quince minutos a fuego bajo y añadir una cucharadita de maicena. Revolver y apagar cuando se formen burbujas.

Seguir moviendo el arroz con el tenedor para integrar totalmente todos los ingredientes, colocar la tocineta y el cochino. Luego, incorporar tres cucharadas de la salsa de piña que hemos hecho, el huevo y los trocitos de piña. Continuar removiendo todos los ingredientes y para finalizar agregar la salsa de soya y gotas de sésamo al gusto.

Arroz verde

8 porciones
50 minutos

Ingredientes

2 tazas de arroz
4 tazas de caldo de pollo, res o agua
1 paquete de espinacas
1 cebolla blanca picada
2 dientes de ajo bien machacados
2 latas de atún en aceite
1 taza de guisantes verdes
½ taza de perejil picadito
1 cucharada de aceite de oliva
1 cucharada de sal
2 tazas de queso parmesano rallado
Mantequilla al gusto

Preparación

Lavar las hojas de espinaca y llevar a licuadora o procesadora. Licuar con cuatro tazas de caldo de pollo o carne hasta que se hagan líquidas. Reservar.

En una olla, agregar dos cucharadas del aceite que trae la lata de atún con una cucharada de mantequilla, y sofreír los ajos y cebolla a fuego moderado, por quince minutos. Agregar el batido de las espinacas. Esperar que hierva el líquido, poner sal y añadir el arroz, el cual se cocinará por quince minutos destapado a fuego alto. Bajar el calor y seguir cocinando por diez minutos, tapado. Apagar la llama y dejar en la hornilla, siempre tapado para que termine de cocinarse. Dejarlo reposar por unos veinte minutos.

Pasado ese tiempo, enmantequillar un refractario rectangular, y poner una capa de arroz. Cubrirlo con el atún desmenuzado. Agregar parte del queso, y luego hacer la segunda tanda hasta terminar con todo intercalado.

Para finalizar, se le agrega más queso, los guisantes, el perejil picadito y trocitos de mantequilla por encima.

Llevar tapado con papel de aluminio al horno precalentado a 350°F, por diez minutos.

Asopado de camarones

6 porciones
1 hora y 20 minutos

Ingredientes

1½ kg de camarones
¼ kg de papas picadas en cuadritos
2 tazas de arroz
1 cebolla picada
1 pimentón (pimiento) picado
1 cucharada de alcaparras picaditas
3 dientes de ajo machacados
2 ramas de cilantro picadito con sus tallos
1 cucharada de sal
1 cucharadita de aceite de oliva onotado o azafrán
2 tazas de caldo de pescado
Salsa picante
1 cucharadita de pimienta
1 cucharada de comino
1 rama de menta (yerbabuena)
1 rama de tomillo o una cucharadita en polvo
1 taza de vino blanco
1 lata de maíz tierno

Preparación

Lavar los camarones con agua y limón. Quitar venas oscuras y cáscaras. Reservar las cáscaras, las cuales se van a utilizar para elaborar un caldo que se unirá al caldo de pescado.

Pelar las papas en cuadritos. Poner a hervir cuatro tazas del agua y agregar las cáscaras de los camarones, sal, cilantro, menta y tomillo por quince minutos. Retirar del fuego y colar en colador de tela. Botar cáscaras y ramas para obtener un caldo que luego se pasa a una olla, con las tazas de caldo de pescado donde se cocinará el asopado.

Sofreír en la mantequilla y aceite, los ajos, cebolla, pimentón, alcaparras, cilantro picado, comino y pimienta por veinte minutos a fuego moderado, hasta que la cebolla se vea cristalina. Llevar esto al caldo de pescado y el caldo de cáscaras de camarones, en total seis tazas. Hervir y agregar papas, arroz y el contenido de la lata de maíz. Hervir y bajar el fuego a moderado por quince minutos. Tapar la olla por diez minutos.

Destapar y poner los camarones a fuego bajo, tapado, por ocho minutos, con el azafrán o aceite onotado (puede sustituirse por media zanahoria rallada) para dar sabor y color. Terminar con gotas picantes al gusto y vino. Continuar cocinando a fuego bajo, tapado, por unos diez minutos. Apartar del calor y servir. Poner una pizca de sal de ser necesario.

Pastas

La pasta no era común ni preferida por los venezolanos. Fue a partir de la llegada de la migración italiana entre los años 1945 y 1960 que la cultura culinaria italiana fue adoptada por todos nosotros.

La influencia de sus sabores consiguió un lugar en nuestras cocinas, y formar parte de nuestro diario deleite, pero cabe destacar que, en muchas oportunidades, resultaba imposible no darle un toque venezolano. Por supuesto, siempre enalteciendo su procedencia.

Comparto en este recetario algunas de mis recetas favoritas de pasta. Son platos italianos que considero muy criollos también, Son, sin lugar a dudas, delicias ítalo-venezolanas.

Estos platos los elaboraba usualmente en mi casa para mi familia, y ahora los dedico con cariño a todos los italianos que amaron y aman mi patria.

Pasticho o lasaña

8 porciones
4 horas

Ingredientes

Un paquete de pasta para pasticho o lasaña (para 8 personas)
1½ kg de carne de res molida
½ kg de cochino (cerdo) molido
2½ cucharadas de aceite de oliva
2 cucharadas de sal
1 cucharadita de pimienta
1 cucharadita de vinagre balsámico
1 cucharadita de salsa inglesa
1 cucharada de salsa 57
1 cucharadita tomillo
1 pimentón (pimiento) rojo o amarillo
4 dientes de ajo
2 cebollas medianas
8 tomates maduros (tipo perita)
1 zanahoria pequeña
1 cucharada de azúcar morena
2 cucharadas de pasta de tomate
1 taza de vino rojo
2 tazas de caldo de res o pollo (o agua)
1 zanahoria pequeña
2 tazas de queso parmesano o pecorino rallado
1 paquete de queso mozzarella
1 cucharadita de mantequilla
½ taza de albahaca
4 tazas de salsa blanca o bechamel, versión lasaña/pasticho o canelones (receta en la sección de Salsas y Vinagretas)

Preparación

En un recipiente macerar ambas carnes con vinagre, salsa 57, salsa inglesa, pimienta y tomillo. Dejar en reposo mientras se prepara la salsa de tomate.

Cortar las cebollas y el pimentón bien picaditos, y machacar muy bien los ajos; colocarlos en una olla con el aceite de oliva y sofreír, a fuego medio, hasta que la cebolla esté cristalina y los ajos cocidos. Cortar los tomates, pelarlos y eliminar las semillas, se recomienda cortarlos con las manos o usando un cuchillo plástico. Luego agregarlos a la olla junto a la zanahoria rallada, las dos tazas caldo de res (pollo o agua), azúcar morena, pasta de tomate y vino rojo. Cocinar tapado a fuego lento por dos horas, revolviendo de vez en cuando. Una vez pasado este tiempo, la salsa de tomate estará lista.

Agregar las carnes poco a poco, revolviendo para que no se compacte. Cocinar tapado a fuego lento por otras dos horas. Revolver constantemente hasta obtener una carne suelta, suave, y una salsa espesa. Si la salsa está muy líquida, mantenerla a fuego lento un poco más de tiempo hasta que seque. Luego, poner una cucharada de sal, y dejar a fuego bajo por seis minutos. Retirar del fuego y comprobar sabores, ajustar de ser necesario y reservar.

Preparar la salsa blanca o bechamel y agregarle unas cuatro cucharadas de la salsa de carne reservada para darle color y sabor. Reservar. Esta salsa debe administrarse bien para cubrir el pasticho una vez listo.

Continuar con la preparación de pasta. En una olla grande hervir tres litros de agua con una cucharada de sal y media cucharadita de aceite. Echar la pasta, que deber quedar cubierta por el agua. Cocinar el tiempo que indique el empaque y, una vez lista, sacarla con cuidado utilizando una espátula para evitar que se rompa. Se procede con el ensamblaje del pasticho.

En un envase refractario rectangular, y previamente enmantequillado, colocar una capa de pasta, seguido de una capa de salsa de carne, trozos de queso mozzarella delgados, un poco de albahaca picada muy menuda, queso rallado y unas cucharadas de salsa la bechamel. Repetir sucesivamente este proceso hasta llegar a la última capa la cual debe tener un poco más de salsa de carne que las otras. Para terminar, colocar una capa de pasta. Agregar trozos de queso mozzarella y el queso rallado, y finalizar colocando la salsa bechamel antes reservada, teniendo cuidado de que quede totalmente cubierto. Agregar una cucharadita de mantequilla en el centro.

Precalentar el horno a 350°F, y cocinar el pasticho por veinticinco minutos. Revisar cinco minutos antes y comprobar que esté dorado tocando el gratinado en su superficie, cuidando de no hundirlo. Retirar del horno, y esperar unos cinco minutos que repose para cortar y llevar a la mesa.

Esta receta es fácil, pero muy laboriosa, por lo que requiere de mucha de paciencia.

Canelones rellenos con pollo

8 porciones
3 horas

Ingredientes

Canelones para 8 personas
6 tomates sin piel ni semillas bien maduros, picados
1 cebolla blanca bien picada
4 dientes de ajo bien machacados
1 pimentón (pimiento) anaranjado o rojo bien picado
1 cucharadita de pimienta negra
1 cucharada de nuez moscada
1 cucharada de aceite de oliva
1 cucharada de mantequilla
2 cucharadas de sal
1 cucharadita de azúcar morena
1½ kg de pollo sin hueso, piel y grasa
1 cucharada de salsa 57
1 cucharada de pasta de tomate
1 cucharadita de salsa inglesa
½ taza de vino blanco
½ taza de hojas de albahaca picada
1 paquete de queso mozzarella para el relleno en trozos
2 tazas de queso parmesano rallado para el horneado
1 cucharada de aceite para sancochar la pasta
4 tazas de salsa blanca o bechamel, versión lasaña/pasticho o canelones (receta en la sección de Salsas y Vinagretas)

Preparación

Condimentar el pollo con una cucharada de sal, pimienta, salsa 57, salsa inglesa y vino. Dejar macerando por media hora.

En una olla, sofreír en aceite, los ajos y cebolla hasta que estén transparentes. Luego, agregar los tomates, el pimentón y el azúcar. Seguir cocinando a fuego moderado por quince minutos. Agregar el pollo a la cacerola, con los condimentos y su macerado. Tapar y seguir la cocción por una hora más. Apagar y dejar enfriar un poco, para sacar el pollo de la olla, desmenuzar y reservar.

Llevar los ingredientes que quedaron en la olla a la licuadora o procesadora. Licuar por tres segundos para lograr una salsa. Tomar una taza de esta salsa y reservar para complementar la bechamel después de preparada, y utilizarla para gratinar.

En una olla grande con suficiente agua, añadir una cucharada de sal y una de aceite. Tan pronto hierva, agregar la pasta y cocinar el tiempo que recomienda el paquete. Colar.

Se rellenan los canelones con el guiso de pollo y un trozo de queso mozzarella.

Elaborar la salsa bechamel y agregarle unas cuatro cucharadas de la salsa de pollo reservada para darle color y sabor.

Enmantequillar un molde rectangular, donde se pondrá en forma ordenada cada canelón. Ellos se rompen un poco; pero no importa porque al cocinarse no se nota. Una vez que se termine una línea ya rellena, cubrir con queso parmesano y parte de la salsa que tenemos reservada de la bechamel con la salsa del pollo, hasta completar el molde.

Terminado el proceso, poner suficiente queso parmesano y más salsa bechamel por encima de los canelones para llevarlo a gratinar. Poner una cucharadita de mantequilla y llevar al horno precalentado a 350°F, por veinte minutos hasta que gratine. Hacer una prueba del gratinado tocando suavemente con el dedo la salsa sin hundir el dedo. Debe estar dorado claro, y la salsa debe verse compacta y no floja o aguada.

Dejar en el horno apagado unos cinco minutos para reposar y llevar a la mesa.

Canelones rellenos con tres quesos

6 porciones
1 hora

Ingredientes

1 paquetes de canelones para 6 personas
2 paquetes de queso mozzarella
100 gramos de queso amarillo tipo holandés
100 gramos de queso emmental picado delgado
3 cucharadas de mantequilla
3 tazas de leche
3 cucharadas de harina de trigo
½ cebolla picadita bien menuda
1 cucharadita de nuez moscada
1 cucharadita de mantequilla
1 cucharada de sal para la pasta
1 cucharadita de aceite
1 cucharadita de pimienta negra
3 tazas de salsa blanca o bechamel, versión lasaña/pasticho o canelones (receta en la sección de Salsas y Vinagretas)

Preparación

En una olla grande, sancochar la pasta en tres litros de agua, con sal y aceite, siguiendo las indicaciones que trae el paquete. Cuando esté lista colar y reservar.

Picar los tres tipos quesos, y hacer el relleno con ellos, procurando que alcance para todos. Elaborar la salsa bechamel.

Rellenar cada canelón con los quesos y poner en camadas en un molde rectangular refractario enmantequillado. Cubrir toda la pasta con parmesano rallado, e ir cubriendo con la salsa bechamel. Meter en el horno precalentado a 350°F, por veinte minutos para gratinar, hasta que luzca algo doradito (sin quemar).

Espagueti a la boloñesa

6 porciones
3 horas

Ingredientes

1 kg de carne molida
8 tomates maduros, sin semillas ni piel, picados
3 dientes de ajo machacados
½ pimentón (pimiento) anaranjado o rojo picadito
1 cebolla picadita
2 cucharadas de pasta de tomate
1 cucharada de sal
1 cucharada de azúcar morena
1 cucharadita de pimienta
1 cucharada de aceite de oliva
Pasta para 6 personas
Queso parmesano rallado
2 tazas de caldo de carne caliente o agua caliente
½ taza de vino rojo

Preparación

Freír los ajos, la cebolla y el pimentón, en aceite y mantequilla a fuego moderado por veinte minutos en una olla. Agregar la carne y moverla con un tenedor. Agregar los tomates picados, con las manos o cuchillo plástico, la pimienta, el azúcar, la pasta de tomate, la sal, la albahaca picadita y dos tazas caldo de carne caliente.

Tapar y cocinar por dos horas y media a fuego lento. Revolver de vez en cuando y así lograr que la carne que suelta.

Cocinar la pasta, casi al momento de servir, en una olla grande con sal siguiendo las indicaciones del paquete. Colar y servir en forma individual en plato hondo, y llevar la salsa a la mesa para que se sirva cada comensal. Acompañar con queso parmesano rallado, y dejar que los comensales se sirvan al gusto.

Espagueti al vongole (guacuco)

4 porciones
35 minutos

Ingredientes

2½ kg de guacucos o conchas parecidas
1 paquete de pasta para 4 personas
2 ajíes dulces bien picados
4 dientes de ajo machacados picaditos
½ cebolla mediana picada
½ taza de vino blanco
2 cucharadas de aceite de oliva
1 cucharadita de mantequilla
1 cucharadita de pimienta
1 taza de agua
1 limón
1 cucharada de sal

Preparación

Poner a remojar los guacucos en agua con limón por cinco minutos. Pasar a un colador de alambre y lavar muy bien bajo el chorro. Luego, llevar a una olla con una taza de agua y una cucharadita de sal, poner a hervir, y cocinar tapado, a fuego moderado, por diez minutos. Revisar las conchas, conservar las abiertas y botar las cerradas. Sacar la carne de las conchas y colar en colador de alambre para que suelten la arenilla, en caso de que aún le quede. Colar el caldo que quedó de la cocción de los guacucos, con colador de tela, y reservar.

En una sartén, sofreír en mantequilla y aceite, los ajos, la cebolla y los ajíes dulces, a fuego moderado, por diez minutos o hasta que queden bien cocidos. Agregar la carne de los guacucos con algunas conchas para adornar cada plato. Esto se hace también a fuego moderado por diez minutos. Poner pimienta al gusto, vino y dos cucharadas del caldo de los guacucos. Seguir cocinando por cinco minutos más. Apagar y reservar el contenido para cuando la pasta esté lista.

Se cocina la pasta en una olla apropiada con agua suficiente y se le agrega el caldo restante de los guacucos. Guiarse por las instrucciones del paquete y colar muy bien.

Luego poner en la olla una cucharadita de mantequilla para que no se pegue cuando se añadan los espaguetis. Poner de inmediato los guacucos dando vueltas con un tenedor.

Espagueti en crema de leche

4-6 porciones
30 minutos

Ingredientes

Pasta para 4 o 6 personas (pueden ser cintas)
5 lonjas de tocinetas
½ paquete de champiñones limpios y picados (opcional)
2 cebollas blancas picaditas
4 dientes de ajo machacados
2 tazas de crema de leche
2 cucharadas de mantequilla

Preparación

Freír las tocinetas hasta que estén crujientes, sacarlas y reservar. Sofreír los ajos y cebollas en la grasa de las tocinetas y mantequilla a fuego moderado por quince minutos hasta que las cebollas estén cristalinas y suaves.

Agregar los champiñones y sofreír hasta secar el caldo que sueltan. Agregar la crema de leche, revolver y reservar.

En una olla con suficiente agua, una cucharada de sal y una cucharadita de aceite, cocinar la pasta al dente, en el tiempo que indique el paquete. Colar cuando esté lista. Poner en la olla de la pasta una cucharada de mantequilla, y añadir la crema con los champiñones y las tocinetas. Dar vuelta con tenedor, agregando algo de queso rallado.

Servir en plato hondo una cantidad apropiada para cada comensal y más queso parmesano si lo desean.

Espagueti con salsa al pesto

6 porciones
15 minutos

Ingredientes

Pasta tipo espaguetis para 6 personas.
Un paquete de albahaca, utilizar las hojas
1½ tazas de aceite de oliva
1 cucharada de agua caliente
1 cucharada de sal
2 dientes de ajo partidos y dorados a la plancha
½ taza de nueces peladas
1½ tazas de queso parmesano rallado
1 cucharada de mayonesa
1 cucharadita de pimienta negra

Preparación

Lavar las hojas de albahaca en agua y limón. Escurrir y pasar por agua caliente. Llevar a la licuadora y licuar con el resto de los ingredientes. Reservar esta salsa para el momento de servir.

En una olla grande con agua, agregar una cucharada de sal y una cucharadita de aceite. Al hervir echar la pasta, y cocinar según el tiempo que indica el paquete, procurando que quede al dente. Siempre probar antes de apagar el fuego. Colar y llevar nuevamente a la olla con la mantequilla.

Poner la cantidad deseada en un plato hondo, y agregar la salsa al pesto. Llevar a la mesa suficiente queso parmesano para quien desee poner más a su pasta.

Espagueti en salsa de anchoas

6 porciones
1 hora y 15 minutos

Ingredientes

Pasta para 6 personas (puede ser espaguetis o tallarines)
8 tomates tipo perita, sin semillas y piel
6 dientes de ajo machacados
1 cebolla blanca picada
1 pimentón (pimiento) picado
8 aceitunas negras rebanadas sin semillas
1 cucharada de alcaparras de las pequeñas
1 lata de anchoas con su aceite
1 cucharada de aceite de oliva
1 cucharadita de azúcar
1 cucharada de pasta de tomate
1 cucharadita de sal
½ taza de vino blanco

Preparación

En una olla, poner el aceite de oliva y el que trae la lata de anchoas. Agregar los ajos y freír bien con la cebolla, hasta lograr que esté cristalina y los ajos dorados. Picar los tomates con las manos o cuchillo plástico, y llevarlos a la olla con el pimentón, la pasta de tomate, dos tazas de agua hirviendo, la pimienta, sal y azúcar. Cocinar tapado a fuego lento por una hora.

Pasado ese tiempo, se le agregan las alcaparras, aceitunas, el vino y las anchoas. Revolver para que todo se integre en la salsa y cocinar por quince minutos a fuego lento.

Cocinar la pasta en agua hirviendo, destapada, con sal y algo de aceite por el tiempo que indique el paquete.

Se puede servir con queso rallado, parmesano o pecorino.

Espagueti en salsa de calamares

6 porciones
2 horas

Ingredientes

Un paquete de pasta, para 6 personas
1 kg de calamares
1 cebolla bien picada
4 dientes de ajo bien machacados
1 cucharadita de pimienta negra o ¼ de pimienta blanca
1 pimentón (pimiento) bien picado
1 cucharadita de tomillo
¼ taza de vino blanco
1 cucharada de sal
2 cucharadas de aceite de oliva
1 cucharada de mantequilla
1 limón
1 taza de caldo de pescado

Preparación

Lavar los calamares. Eliminar la cabeza y los ojos, sacar lo que trae en su parte interior, que tiene algo de grasa y un pico alargado, que parece de plástico, donde están los tentáculos. Separar la tinta que viene en la parte de arriba en una bolsita cerca de los ojos, y reservar para la salsa que vamos a elaborar. Seguir limpiando con limón para extraer la piel violácea que lo cubre. Voltear para asegurarse de que esté totalmente limpio. Poner bajo el chorro de agua, para eliminar todo el limón. Cortarlos en aros de un centímetro, rebanar los tentáculos y reservar.

Hacer un sofrito en mantequilla y aceite en un sartén a fuego moderado, con los ajos y cebolla, esperando a que se cristalicen. Agregar el pimentón picadito, y seguir cocinando. Este proceso debe durar unos veinte minutos.

En una olla no muy grande, llevar a un hervor una taza de caldo de pescado, los ojos y la tinta de los calamares. Colar y agregar este caldo al sofrito para seguir con nuestra preparación.

Unir los calamares, sal, pimienta, tomillo, el sofrito y el caldo con la tinta. Tapar y seguir cocinando por cuarenta minutos, a fuego bajo. Destapar y agregar el vino, y seguir cocinando por unos cinco minutos, destapado, para cuajar un poco.

En una olla apropiada, poner a hervir agua suficiente con sal y una cucharadita de aceite. Cocinar la pasta como lo indique el paquete. Colar y llevar nuevamente a la olla con una cucharadita de mantequilla. Incorporar los calamares con su salsa.

Revolver con tenedor y llevar a la mesa. Servir con queso parmesano rallado.

Consejo útil
• Comprar los calamares limpios y cortados acorta el tiempo y vale la pena.

Pasta con salsa de estragón y pollo

6 porciones
1 hora y 15 minutos

Ingredientes

1 kg de presas de pollo sin huesos (quitar grasa y piel)
2 cebollas medianas rebanadas
4 dientes de ajo machacados
½ paquete de estragón picado sin los tallos
1 cucharadita de pimienta negra
1 cucharadita de ajo molido
1 taza de vino blanco
1 taza de crema de leche
1 taza de queso parmesano
1 paquete de pasta tipo pene para 6 personas

Preparación

Condimentar el pollo con sal, pimienta, ajo, mostaza y estragón. Reposar por media hora. Cortar las presas en trozos pequeños. Sofreír la cebolla en aceite y mantequilla hasta que se vea cristalina y reservar.

Sofreír las presas de pollo en mantequilla y aceite. Colocar una a una, volteando para lograr dorarlas un poco por ambos lados. Hacer esto a fuego casi alto. Al terminar de freírlas todas, echar el vino y las cebollas reservadas. Tapar y bajar el fuego continuando la cocción por 45 minutos. Pasado este tiempo, agregar la crema de leche, subir la llama un minuto. Apagar y retirar del fuego.

En una olla con sal y suficiente agua, dejar que hierva para cocinar la pasta tipo pene o cualquier pasta corta, y seguir las indicaciones que trae el paquete. Probar antes de colar, y probar que esté al dente. Colar la pasta cuando esté lista, agregar al pollo, y revolver con la salsa al estragón.

Servir con queso parmesano rallado.

Pasta corta de milanesa de pollo o carne

6 porciones
2 horas y 30 minutos

Ingredientes

1 paquete de pasta corta para 6 personas
3 dientes de ajo machacados
1 cebolla blanca bien picada
1 pimentón (pimiento) picadito
6 tomates tipo perita maduros sin piel ni semilla
1½ cucharada de sal
1 cucharada de aceite de oliva
1 cucharada de mantequilla
2 tazas de agua o caldo de pollo
½ taza de vino rojo
2 cucharadas de pasta de tomate
8 hojas de albahaca picaditas
6 milanesas de pollo (Receta en la sección de Aves)
1 taza de queso parmesano
1 paquete pequeño de queso mozzarella
1 cucharadita de pimienta
Aceite para freír

Preparación

Sofreír la cebolla y ajos en una olla con mantequilla y aceite, por quince minutos, a fuego medio. Luego agregar los tomates picados, la cucharadita de azúcar, sal, pimienta, pasta de tomate, el agua o caldo y vino rojo.

Cocinar tapado a fuego bajo, por una hora y media. Pasado este tiempo, apagar y reservar.

Terminada esa primera parte, enmantequillar un envase refractario y reservar.

Cocinar la pasta siguiendo las indicaciones que trae el paquete, procurando que quede al dente. Colar y echar una primera parte de la pasta en el refractario. Añadir las milanesas ya cocidas a la salsa de tomates para que se integren sus sabores por diez minutos, tapadas a fuego muy bajo. Llevar a la pasta y distribuir la salsa con las milanesas, dejando una cantidad para el final, con albahaca picadita, queso rallado por encima. Revolver con un tenedor y unificar todo, poniendo de últimos trocitos delgados de queso mozzarella con una parte de la salsa de tomate restante que cubra y se integre todo el contenido.

Tapar con papel de aluminio, llevando al horno precalentado a 350°F, por diez minutos. Transcurrido este tiempo, quitar el papel y llevar a la mesa.

Servir en platos individuales con sus respectivas milanesas y queso parmesano rallado.

Pasticho de berenjenas

6 porciones
2 horas y 30 minutos

Ingredientes

5 berenjenas de tamaño mediano, cortadas en tajadas, sin su piel
1 cebolla blanca grande bien cortada o 2 medianas
2 dientes de ajo machacados cortaditos
2 ajíes dulces sin semillas cortados
1 pimentón (pimiento) cortadito
1 cucharadita de pimienta negra
1 kg de carne molida de res
1 kg de carne molida de cochino (cerdo)
1 paquete de queso mozzarella
3 tomates maduros sin semilla y sin piel muy picados
1 cucharadita de azúcar
1 cucharada de salsa 57
1 cucharada de salsa inglesa
1 cucharada de vinagre balsámico
Aceite para freír las berenjenas
1 taza de queso parmesano rallado
5 cucharadas de mantequilla
½ taza de vino rojo
2 tazas de caldo de res o agua
4 tazas de salsa blanca o bechamel, versión lasaña/pasticho o canelones (receta en la sección de Salsas y Vinagretas)

Preparación

Después de cortadas las berenjenas, ponerlas a remojar en agua y sal por unas horas. Luego, colar con colador de alambre para escurrirlas. Freírlas y ponerlas en papel absorbente para eliminar la grasa, y reservar.

Mientras tanto, hacer un sofrito con ajos y cebolla, en una cucharadita de mantequilla y una cucharada de aceite, a fuego moderado. Después agregar los ajíes, pimentones y tomates, cocinando por veinte minutos. Pasado este tiempo, subir el fuego, e ir agregando despacio la carne molida. Condimentar con pimienta, tomillo, salsa inglesa, vinagre, salsa 57, azúcar y el vino. Tratar que la carne quede sueltecita para lograr una buena salsa, revolviendo hasta que se integre todo el sofrito. Agregar dos tazas de agua caliente o caldo de carne. Cocinar tapado y a fuego bajo por una hora y media. Antes de tapar, reservar media taza de esta salsa para agregar a la bechamel.

Preparar la bechamel.

En un recipiente rectangular refractario enmantequillado, poner las berenjenas, agregar la salsa de carne, intercalar queso mozzarella en pedazos rebanados y así sucesivamente, hasta haber terminado todo el contenido. Agregar queso rallado y terminar con la salsa bechamel.

Llevar al horno precalentado a 350°F, por quince minutos para que se gratine.

Consejos útiles
• De no querer hacer el pasticho con las berenjenas fritas, estas se pueden hornear en una bandeja, la cual se engrasa un poco y se tapa con papel de aluminio para que no se peguen ni se sequen.
• La bechamel debe cubrir la última capa de queso para evitar que este se queme al hornearlo.

Salsa de pollo para pasta

6 porciones
2 horas

Ingredientes

1 kg de pollo, sin hueso y sin piel en presas pequeñas
1 cebolla grande o dos medianas, picaditas
4 dientes de ajo bien machacados
1 cucharadita de pimienta
1 pimentón (pimento) picadito, preferiblemente rojo
3 tomates sin semillas y piel picaditos
½ kg de champiñones lavados y rebanados
1 cucharada de sal
1 cucharadita de azúcar
½ taza de hojas de albahaca picaditas
1 cucharada de aceite de oliva
1 cucharadita de mantequilla
1 cucharada de pasta de tomate

Preparación

En un caldero u olla apropiada, sofreír en aceite y mantequilla los ajos y cebollas a fuego mediano. Cuando estén cristalinas, agregar todos los ingredientes, incluyendo el pollo, excepto los champiñones, el azúcar y la albahaca. Cocinar tapado a fuego bajo, por una hora y media.

Transcurrido ese tiempo, agregar los champiñones, albahaca, azúcar, y cocinar tapado, por quince minutos. Apagar y quitar la olla del fuego.

Se sirve con cualquier tipo de pasta.

La Masa de Maíz

El maíz y la masa que con él se prepara son de suma importancia para todos los venezolanos. Hay gran variedad de recetas culinarias con masa de maíz que se consumen en toda Venezuela, con variaciones en cuanto su preparación y condimentos de acuerdo con cada región.

Mis recetas de platos con maíz que incluyo en este libro son las que usualmente le ofrecía a mi familia a la hora de ir a la mesa.

Me gustaría que las hagan y disfruten.

Arepas y empanadas

10 porciones
40 minutos

Ingredientes

½ paquete de harina de maíz (harina P.A.N)
5 tazas de agua tibia
1 cucharada de mantequilla (opcional)
¼ cucharadita de sal
1 cucharada de aceite

Para la masa de empanadas incluir:
2 cucharada de papelón (piloncillo) o azúcar morena
1 cucharada de aceite onotado
Aceite suficiente para freír

Elaboración de la masa

En un envase grande, poner el agua y agregar la harina poco a poco removiendo con cuchara para que no se hagan grumos. Utilizar las manos para que la masa vaya tomando forma. Agregar mantequilla y sal. Seguir amasando y dejar en reposo por media hora para que tome cuerpo.

Si la masa es para empanadas, agregar dos cucharadas de papelón rallado o azúcar morena y una cucharadita de aceite onotado en vez de mantequilla con igual medida de agua. Se reposa media hora tapada con un paño.

Elaboración de las arepas

Rectificar la masa para asegurar que esté moldeable, y hacer diez bolas bien redonditas con las manos. Engrasar una plancha de hierro bien curada, o una sartén grande de teflón, a fuego alto. Debe estar muy caliente antes de comenzar. Con las manos secas, tomamos una bola y la aplastamos hasta lograr una forma redonda y aplanada. Mientras más delgadas las arepas, mejor quedan. Mojar la mano y pasarla por las orillas de la arepa para ayudar a que quede perfecta, y no tenga ninguna imperfección ni ranuras. Poner las arepas a cocinar en la plancha. Para moverlas, ayudarse con una espátula mojada en aceite en la punta para levantar con cuidado por los bordes hasta lograr que la arepas se vaya soltando. Voltearlas con la espátula, y engrasar de nuevo antes de volver a colocarlas, para que no se peguen. Se debe bajar un poco la llama cuando se haya logrado el calor suficiente, y así evitar que se quemen. Retirar las arepas de la plancha cuando estén doradas por ambos lados.

Se pone otra tanda si hay más cantidad y se repite el mismo proceso.

Se llevan al horno precalentado a 450°F por quince minutos. Cuando se inflen y luzcan doradas, es momento de sacarlas del horno y cubrirlas con un paño para llevar a la mesa.

Variaciones de las arepas

Arepitas de anís

Poner a hervir dos tazas y media de agua con cuatro cucharadas de papelón rallado (o azúcar morena), una pizca de sal y una cucharadita de anís, durante ocho minutos. Colar para eliminar el anís. Esperar que se enfríe, y agregar despacio dos tazas de harina de maíz y una cucharadita de onoto. Revolver con cuchara y luego con las manos hasta que no tenga grumos y la masa se sienta suave.

La arepita la haremos con menos de la mitad de la masa que utilizamos para una arepa normal. Hacemos bolitas con las manos y las aplanamos hasta que queden delgadas. Pasamos los dedos mojados por los bordes para que las arepitas no se abran al echarlas en el aceite caliente. Freírlas en un caldero hondo con suficiente aceite, y moverlas con una cuchara grande mientras se fríen. Están listas cuando se abomben. Poner en una bandeja con papel absorbente. Rinde para 10 a 12 arepitas.

Arepas de auyama

Hervir y sancochar un cuarto de kilo de auyama en trozos con una cucharadita de sal en dos tazas y media de agua, tapado a fuego bajo por veinte minutos. Colar, quitar la concha, y reservar el agua. Hacer un puré. Preparar la masa con el agua reservada (dos tazas y media, tibia) y unimos al puré que hemos preparado. Agregar queso rallado, una cucharadita de mantequilla, y se amasa muy bien para hacer una arepa igual a la manera tradicional. Las arepas quedan de color amarillo. Reposar media hora. Terminar de prepararlas como se indica en la receta de arepas tradicionales. Se pueden preparar también con batatas (*sweet potatoes*) o zanahorias. Lucen muy bonitas además son un gran alimento. Las rellenas con lo que se prefiera, y se agrega azúcar para delicia de los niños.

Elaboración de las empanadas

Se elabora la masa siguiendo la receta de las arepas tradicionales. El relleno puede ser de carne molida, queso blanco rallado o en pequeños trozos. También se pueden hacer de carne mechada, de guiso como para hallacas, de pescado desmenuzado, caraotas (frijoles negros), queso rallado, cazón guisado o pollo guisado.

Para rellenar se puede utilizar una servilleta de tela o una lámina de papel plástico para aplanar y voltear con mayor facilidad. Poner una bola de la masa, parecida a la arepa, encima de la servilleta de tela o el plástico, aplanar manteniendo su forma redonda, hasta que la masa quede un poco más fina que la arepa, pero asegurándose de que aguante el relleno que se vaya a elegir. Con una cuchara se agrega una cantidad de relleno suficiente en el centro, se dobla el círculo de masa por la mitad, como se haría con un sobre. Con los dedos se va sellando por las orillas para que el relleno quede seguro y no se salga.

Poner un caldero a fuego alto con suficiente aceite para que cubra las empanadas. Colocarlas de una en una y mover con cuidado y que no se junten. Utilizar una espumadera para voltear y sacarlas. Estarán listas cuando abomben un poco y luzcan doradas. Hay que ser cuidadosos y estar atentos durante la fritura, ya que por tener dulce son propensas a quemarse.

Rellenos de las empanadas

Queso
Rallar queso blanco duro dos o tres cucharadas para cada una. Pueden ser daditos de queso blanco.

Carne
Poner un kilo de carne molida en una olla o sartén, a fuego alto, por unos diez minutos y reservar. Aparte, en otra sartén, a fuego moderado, hacer un sofrito con una cucharada de aceite, preferible aceite de oliva onotado, una cebolla picadita, dos ajíes dulces picados, dos tomates maduros picados, sin semillas ni piel, media cucharadita de pimienta, igual medida de tomillo y comino, una cucharadita de vinagre balsámico, una cucharadita de salsa inglesa, unas seis alcaparras picaditas y una cucharadita de salsa 57. Sofreír por veinte minutos. Pasar el sofrito a una procesadora para triturar por tres segundos. Llevar el sofrito de nuevo al sartén a fuego alto y agregar la carne molida Revolver, tratando de que se cocine sueltecita por diez minutos. Bajar la llama, tapar y cocinar por quince minutos. Poner sal al gusto. Se revuelve un poco, a fuego moderado y se agregan alcaparras pequeñas, y aceitunas, una por cada empanada. Obviar estos últimos ingredientes si las empanadas son para niños. Al final, revolver con tenedor para que se una todo el contenido.

Se pueden hacer también con carne mechada que se encuentra en el recetario (Receta en la sección de Carne de Res).

Dominó
Se rellenan con caraotas con queso rallado, o con caraotas refritas, con algo de azúcar.

Pescado desmenuzado
Son ideales utilizando el popular cazón. Remojar este con agua y limón, botar el agua, y cocinar por ocho minutos en una taza de agua. Escurrir y desmenuzar. Hacer un guiso similar a la receta de la carne, solo que pones el pescado en el sofrito, y se cocina en la mitad del tiempo, destapado y a fuego bajo.

Si se usa pescado salado (bacalao u otro) remojar un día antes, cambiando el agua varias veces para quitar la sal, y no poner alcaparras ni sal.

Guiso de hallacas
Igual a la receta del guiso de hallacas (receta en la sección de La Masa de Maíz y Nuestros Sabores), solo que hay que ingeniarse para hacer poquito. Se puede preparar y lo que reste de su elaboración se congela para otra ocasión. Echar poco contenido del relleno, para que se pueda doblar la empanada. Para rellenar se usa el guiso frío.

Pollo guisado desmenuzado
También se encuentra en el recetario (receta en la sección de Aves), usarlo frío de la nevera.

Consejos útiles

• Para un buen amasado, es importante tener un envase con la cantidad exacta de agua tibia, su punto de sal, e ir echando paulatinamente la harina de maíz. Revolver con cuchara y luego terminar con las manos, hasta obtener un amasado completo sin grumos.
• En este recetario encontrarás cómo elaborar unos gustosos rellenos para las arepas y las empanadas.
• Pueden hacerse varias empanadas a la vez. Poniéndolas en papel encerado y tapadas. Es recomendable mantener en la nevera una hora o más el relleno que se escoja, pues de esa forma se compacta y facilita la operación.

Empanadas de plátano Maduro

Amasar de la misma forma como la arepa, solo que se le agrega una pizca de sal, una cucharadita de aceite onotado, y una cucharada de azúcar morena o papelón rallado.

Para diez empanadas, medio paquete de harina de maíz (harina P.A.N). Se sancochan uno o dos plátanos, bien maduros, en poca agua, tapado, por media hora a fuego bajo. Se sacan del agua, se eliminan las venas y se hace un puré uniendo a la masa para formar las empanadas, la cual haremos con cinco tazas de agua tibia, para dos tazas y media de harina. Dejar la masa en reposo por media hora. Rellenar las empanadas con queso duro rallado y dos cucharadas de carne mechada (Receta en la sección de Carne de Res). Colocar poco relleno para facilitar el doblado, y seguir el proceso explicado al principio de la receta de las empanadas.

Cachapas

6 porciones
1 hora

Antes de compartir esta receta, quiero hablar un poco de las cachapas. Es un plato muy típico, delicioso y siempre un halago para el venezolano en donde se encuentre.

No se elabora por costumbre en las casas, por lo engorroso y difícil su elaboración, que lleva jojoto (maíz tierno). Sin embargo, la empresa venezolana Polar, nos dio la gran ayuda de poder procesar de manera más fácil nuestros platos típicos. Junto a la harina P.A.N., ha sacado al mercado otra amiga y compañera, la harina para cachapas P.A.N.

A esta excelente empresa, mis congratulaciones, y mi eterno agradecimiento por la excelencia de sus productos, los cuales recomiendo ampliamente.

Alimentos Polar Comercial, C.A. Turmero Edo. Aragua - www.empresaspolar.com

Ingredientes

1½ tazas de harina de maíz amarillo para cachapas P.A.N.
2 tazas de agua
1 cucharada de aceite
¼ taza de leche
2 cucharadas de mantequilla
¼ cucharadita de sal

Preparación

En un envase hondo, revolver todos los ingredientes y mezclar todo muy bien por unos diez minutos. Reposar por quince minutos.

Precalentar una plancha o sartén a temperatura media alta, bien engrasado. Verter una cantidad de la mezcla de las cachapas, con ayuda de un cucharón, y extender la mezcla con la ayuda de una cuchara hacia los bordes, formando un círculo (parecido a cuando se hacen panquecas). Cocinar unos tres minutos por cada lado moviendo las bordes con espátula aceitada en la punta para ir despegando la cachapa con mayor facilidad. Continuar haciendo una a una y servirlas con mantequilla y queso.

Hallacas

60 porciones
1 día y medio

Este es el plato por excelencia, el más típico para los venezolanos y el que preside nuestra mesa en la gran cena de Navidad. Para su elaboración, debe haber un orden especial. Se recomienda elaborarlas por etapas, ¡y sin apuro! Para ello es muy importante cierta colaboración familiar. Además de la ayuda que proporcionan, también es clave que se sientan a gusto por ser parte del trabajo, pues es un acontecimiento familiar, una antesala a la fiesta navideña que celebramos cada año como recordatorio de la llegada del Niño Dios.

Brindamos en familia y logramos unas horas gratas, elaborando las hallacas.

Ingredientes

Hojas de plátanos para 60 hallacas + un paquete adicional (siempre falta)
5 paquetes de harina de maíz (harina P.A.N)
3 tazas de aceite onotado (receta en la sección de Salsas y Vinagretas)
1 litro de aceite
1 taza de aceite de oliva
1 panela de mantequilla
2 palitos de canela
4 granos de pimienta guayabita machacados
3 frascos medianos de aceitunas rellenas con pimentón
2 frascos de alcaparras pequeñas
1 cucharada de comino
1 caja grande de pasas pequeñas
1 caja pequeña de pasas para el guiso
1 frasco pequeño de encurtidos picaditos
1 cucharada de nuez moscada
3 cucharadas de sal
3 cubitos de pollo o carne
1 cucharada de pimienta negra
Ramas de célery, cilantro y menta (yerbabuena)
4 ramas de cebollín (la parte blanca para el guiso, lo verde para el caldo)

1 cucharada de tomillo molido o en hojas
1 litro de vino tinto de buena calidad
1 litro de vino rosado de buena calidad
3 cucharadas de salsa inglesa
1 gallina grande
2 pollos grandes
2 pechugas con hueso
1½ kg de cochino (cerdo)
300 gramos de jamón planchado, cortado en cuadraditos
1½ kg de carne de res (pulpa negra)
2 limones para lavar los pollos o gallina
8 lonjas de tocineta
6 cucharadas de papelón rallado o azúcar morena
8 dientes de ajo machacados
5 cebollas picadas blancas medianas
4 tomates sin semillas ni piel picaditos
2 cucharadas de salsa 57
1 cucharada de salsa picante
2 pimentones (pimientos) rojos, uno picadito y otro en juliana
8 litros de agua
2 rollos de pabilo para amarrar
1 paquete de papel plástico del que se usa para envolver (papel film, alusa)

Preparación del guiso (parte Inicial)

En una olla grande con cinco litros de agua, hervir y agregar los pollos completos, antes lavados con agua y limón, y a los que se ha quitado la piel y toda la grasa posible. Agregar las pechugas, la carne de res, cochino y cubitos. Cocinar, a fuego bajo, con la olla tapada por una hora y media. Terminado ese tiempo, destapar y agregar un mazo de hojas de cilantro, célery, tomillo, hojas de cebollín y yerbabuena atadas con pabilo. Tapar de nuevo y seguir cocinando por quince minutos. Extraer las ramas y eliminarlas. Bajar del fuego la olla. Poner en reposo en sitio fresco para que enfríe. Colar, agregar sal y mantener tapada lejos del calor. Preferible poner este caldo, luego de enfriar, en la nevera.

Preparación del guiso

En una sartén, freír las lonjas de tocineta y retirarlas al estar crujientes. Reservar la grasa, la cual se va a utilizar más adelante.

Hacer un sofrito con cuatro cucharadas de aceite onotado y con la grasa de las tocinetas. Comenzar con los ajos machacados y cebollas hasta estar marchitos. Agregar pimentones, ajíes, cebollín picado (solo lo blanco), cilantro con tallos, hojas de célery, todo bien picado, los tomates, pimienta, una cucharadita de tomillo, la cucharadita de azúcar, comino, encurtidos y alcaparras bien picadas. Hacer esto a fuego moderado por 35 minutos hasta lograr que todos estos elementos se encuentren bien cocidos. Apagar, reservar y llevar a una licuadora o procesador, con una taza del caldo de las carnes para que todos los aliños queden triturados. Reservar.

Sacar las carnes de la olla, eliminar los huesos de la gallina o los pollos y pasar a una bandeja. Picar en forma menuda para la preparación del guiso. Reservar algunas lonjas delgadas del pollo o gallina para utilizar como parte de adorno en la hallaca. Picar en cuadros pequeños, la carne, el cochino y resto del pollo para proseguir a la elaboración.

En una olla, con medio litro de agua, llevamos a un hervor por quince minutos la canela en ramas y la guayabita machacada. Quitamos de la llama, colamos en colador de alambre y reservamos, para unir al caldo o consomé que se tiene de las carnes antes cocidas. Una parte de estos líquidos se utilizará para el guiso y otra para la preparación de la masa.

Llevar parte del caldo en reserva a la olla donde seguiremos con nuestra preparación, donde echaremos el sofrito reservado, una taza y media de vino, la salsa 57, la salsa inglesa. Agregamos la carne, pollos y cochino que tenemos picados. Dejar unos dos centímetros de líquido que cubra el contenido. Tapar y cocinar a fuego lento por tres cuartos de hora. Destapar y subir la llama, para empezar con el cuajado. Colocar en un envase unas cuatro de tazas de agua tibia, o caldo, y agregar despacio cuatro tazas de harina de maíz. Revolver con cuchara y luego con las manos. Diluir la harina hasta que no tenga grumos. Agregar al contenido de la olla y revolver con cuchara de madera hasta que esté cuajado, aparezcan burbujas en la superficie, y se vea espeso y subiendo un poco.

Revolver hasta el fondo para que no se pegue y se aprecie el cuajado. Bajar el calor de la hornilla, rectificar sabores y probar. Agregar media taza de vino y gotas de salsa picante al gusto. Revolver y apagar. Mantener en la hornilla por cinco minutos. Dejar que se enfríe. Mientras se enfría irá espesándose más y estará perfecto el relleno. Se podría guardar en la nevera para continuar al día siguiente.

La masa

El caldo que tenemos como resultado de la cocción de la gallina, pollos y las carnes, lo vamos a complementar con una botella de vino, el vinagre de los frascos de las aceitunas, alcaparras y encurtidos. Le agregamos también el papelón rallado o el azúcar, sal, una panela de mantequilla con sal, y seis cucharadas de aceite onotado. Con este líquido se va a preparar la masa. Debe quedar con una consistencia suave. La medida del líquido para el líquido para el amasado es igual a la de las arepas. Se puede hacer un caldo adicional con cubitos, que puede usarse si faltara consomé. Para este trabajo se utiliza una bandeja grande y honda. Los líquidos deben estar tibios. De no ser así, se formarían grumos, que es algo que debemos evitar. La harina se echa muy despacio. Amasar muy bien con cuchara y luego con las manos, hasta sentir que está suave y que corre fácilmente por la hoja para hacer el relleno. Dejar reposar una media hora, tapada con un pañito de cocina. Echar sal, azúcar y vino, de ser necesario. Para más facilidad, elaborar de una vez todas las bolas de masa que se van a necesitar (en este caso sesenta bolas). Si queda masa, se utiliza para hacer bollos. En caso de querer hacer una cierta cantidad de bollos y no alcanza, se elabora un poco más de masa con el mismo procedimiento.

Tener a la mano los adornos que se van a utilizar para cada hallaca: dos trozos de jamón de dos centímetros, dos pedazos de pimentón en juliana, dos alcaparras de las menudas, dos aceitunas rellenas de pimentón, cuatro pasitas y dos lonjas de gallina que se tiene en reserva. Todo esto se pondrá en unos envases que se llevan a la mesa para hacer el relleno de nuestra hallaca.

Hacer de igual forma con el aceite onotado. Poner en varios envases y distribuir en la mesa para dar facilidad al trabajo, y poner un trozo de tela al lado, para distribuir el aceite en la hoja.

Hojas de plátano y armado

Lavarlas con cuidado para que no se rompan. Escurrir y secar con paño suave. Cortar las venas y hacer una especie de cuadrado con ellas, procurando que tengan el mismo tamaño para que luzcan uniformes. Cada hallaca lleva tres hojas. Estas deben de estar suaves. Preferiblemente la hallaca debe hacerse más cuadrada que alargada, ya que es más fácil a la hora de sancochar.

Es muy importante lavar las hojas, aunque el paquete diga que vienen lavadas. El tamaño del cuadrado de la hoja aproximadamente es de 18x18 centímetros cada una, y para las fajas 4x22 centímetros. Deben estar secas y limpias.

Como rellenar y amarrar las hallacas
1. Poner una hoja en forma diagonal para que no se abra.
2. Poner la otra preferiblemente en diagonal. Untarla con el aceite anotado con un trapito.
3. Poner una bola de masa e ir corriendo la masa con una cuchara para que quede fina y que ruede fácilmente. Otra forma: poner un cuadrado de papel plástico encima de la bola de masa, y pisar con las manos hasta lograr una forma redonda y fina que aguante el relleno (parecido a las panquecas). Quitar el plástico y empezar con el relleno: guiso, lonja de gallina, dos cuadraditos de jamón, dos aceitunas rellenas, cuatro pasitas, dos alcaparras y dos tiras de pimentón, en forma decorativa.
4. Tomar las hojas por dos puntas y no levantar, ya que se tiene que doblar cuidadosamente. Tomar otra hoja que llamamos fajas, y doblamos en el medio para estar lista para el amarrado con el pabilo que debe hacerse fuerte, no apretado, pero firme, y que quede ajustada y bien sujeta sin ahorrar pabilo. No hacerlas grandes, porque se hace muy difícil sancocharlas.

Después de ensamblar las hallacas, se cocinan por dos horas en agua caliente con una cucharada de sal, tapadas y a fuego bajo que hierva constantemente. Al estar listas las hallacas se abomban. Entonces, sacarlas del agua con un tenedor largo, y dejarlas reposar en una superficie plana o bandeja.

Para ahorrar tiempo, medir el pabilo para cada hallaca y tenerlo recortado. Poner el aceite onotado en varias escudillas para no pasarlo de un lado a otro en la mesa. Las hojas se escogen por tamaño y se ponen amontonadas en varios sitios de la mesa. De esta forma, el proceso se hace algo más fácil y divertido para todos.

Es recomendable cocinar el mismo día la cantidad que queremos disfrutar como prueba. Guardar en la nevera unas cuantas, y las restantes se pueden congelar antes de cocinarlas.

Muy importante recordar: cuando la hallaca se saca de la olla, hacerlo con tenedor largo e ir poniendo en un sitio plano para que se enfríe, tratando de que no pierdan su forma. Cuando se toquen y se sientan duras, ya se pueden disfrutar.

Si se han guardado congeladas, se hace el mismo proceso, solo que tomará más tiempo: Unas tres horas y se sacan y escurren, de igual forma.

Bollos de hallaca

Estos se hacen con todo el sobrante de las hallacas: masa, guiso, encurtidos, pasas, aceitunas y jamón bien picado. Los encurtidos y las alcaparras se pican bien pequeños, algo más de salsa picante y más vinagre de aceitunas. Amasar más masa si hace falta, y poner vino tinto o blanco y pimentón, ají dulce picadito. Unir esta masa muy bien. Rectificar la sal, agregar las tocinetas que se reservaron, de su fritura, muy machacadas. Ponerle caldo y mantequilla, para obtener una masa apetitosa. Ensamblar siguiendo el mismo procedimiento de la hallaca, y no olvidar el aceite onotado. Utilizar menos hojas, pero amarrar de igual manera. Marcar con un lazo hecho de las misma hojas para que no se confundan con las hallacas.

En una olla grande, con suficiente agua que los cubran, y sal, se cocinan por dos horas y media tapados y a fuego lento. Cuando están listos, lucen abombados. Sacarlos con tenedor largo y con cuidado e ir poniendo en sitio plano para no deformarlos. Esperar que estén fríos antes de llevar a la nevera. Si se desea probarlos, hay que esperar a que estén duros. Se guardan en la nevera. Se puede guardar en el congelador una cierta cantidad sin sancochar. El día que se necesiten, se cocinan de igual manera, en olla grande, en agua hirviendo con sal por media hora adicional. O sea, tres horas y hacer el mismo proceso a fuego bajo, tapadas. Para calentarlas, poner una olla con agua hirviendo y sal. Calentar siempre tapadas fuego bajo. Es un proceso largo de elaboración, que precisa de paciencia, pero es de mucha alegría.

Hallaquitas de Chicharrón

20 porciones
1 hora

Ingredientes

Paquetes de hojas secas de hojas de maíz, que las venden en mercados libres
1 kg de masa de arepa (Receta en la sección de La Masa de Maíz y Nuestros Sabores)
1 cucharadita de sal

½ panela de mantequilla o 2 cucharadas de aceite de oliva
½ kilo de chicharrón bien machacado o ½ paquete de tocinetas crujientes y machacadas
4 ajíes dulces bien picados y menudos

Preparación

Poner en remojo las hojas de maíz por media hora en agua que las cubra, con una cucharada de vinagre blanco. Escurrir y secarlas un poco. Cortar las hojas en tiras y reservar para el amarrado. Preparar una masa como para arepas. Amasar con mantequilla y agregar sal. Seguir amasando y agregar el chicharrón y los ajíes. Continuar amasando por unos cinco minutos para que se integre muy bien a la masa. Dejar en reposo media hora.

Relleno

Tomar unas dos hojas de maíz. Agregar una cantidad de masa como para una arepa. Se pone de forma alargada y se tapa con otras dos hojas. Se agarra por las puntas para hacer el amarre, con tiras que se sacan de las mismas hojas. Para terminar, se le hace una especie de cintura bien amarrada en el medio. También se elaboran con masa de maíz para cachapa y se le agrega queso rallado opcional.

Se cocinan en una olla grande con suficiente agua que las cubra. Hervir con una cucharada de sal. Tapar y cocinar a fuego moderado, por una hora. Sacarlas y escurrirlas.

Las hallaquitas se pueden hacer de diferentes formas: con ajíes dulces picados, con restos de pollo guisado o cochino frito, bien desmenuzado y picado.

Las de jojotos: con la masa de cachapa, y se envuelven con hojas tiernas del mismo jojoto.

Polenta

6 porciones
3 horas y 30 minutos

Ingredientes para el Guiso

½ kg de cochino (cerdo) picadito sin grasa
1 kg de pechugas de pollo bien picadas
½ kg de carne de res (pulpa negra) picada bien menuda
3 tomates maduros sin piel ni semillas picados
4 ajíes dulces bien picados
2 cebollas picaditas
3 dientes de ajo machacados
1 pimentón (pimiento) sin piel, picado
4 tallos de cebollín picados (la parte blanca)
Ramas de cilantro picadas con sus tallos
3 hojas de célery picaditas
1 cucharada de mostaza
1 cucharada de salsa 57
1 cucharada de alcaparras picaditas
6 aceitunas picaditas
Unas cuantas pasas, aprox. ¼ taza
1 cucharada de sal
2 cucharadas de azúcar morena
1 taza de vino tinto
1 cucharada de comino
1 cucharadita de pimienta
1 taza de queso blanco duro rallado
2 cucharadas de aceite de oliva onotado (receta en la sección de Salsas y Vinagretas)
1 cucharada de encurtidos picaditos
¼ kg de masa de maíz para cuajar el guiso

Ingredientes para la Masa

3 tazas + 6 cucharadas de harina de maíz (harina P.A.N)
6 huevos y 2 yemas
4 cucharadas de papelón rallado o azúcar morena
4 tazas de caldo tibio de pollo o carne
½ taza de vino tinto
1 taza de leche tibia
2 cucharadas de mantequilla
1 cucharada de aceite onotado (receta en la sección de Salsas y Vinagretas)
1 cucharadita de polvo de hornear
½ cucharadita de sal
1 cucharadita de nuez moscada

Preparación

En una olla o caldero, hacer un sofrito en aceite onotado con cebollín, cebolla, ajos, alcaparras, ajíes, pimentones, encurtidos, célery, tomates, cilantro, aceitunas, comino y pimienta, a fuego moderado por treinta minutos. Llevar al procesador hasta que quede todo triturado.

Agregar al sofrito el pollo, la carne y el cochino con el vino y tres tazas de caldo de pollo o carne, la mostaza, el vino, la salsa 57, la salsa inglesa y el azúcar. Continuar la cocción tapado por una hora a fuego lento. Destapar, sacar una taza del caldo del guiso. Cuando esté tibio disolver en él las cucharadas de masa. Esta mezcla se agrega al guiso para cuajarlo. Subir la llama para lograr el cuajado que se quiere. Revolver con cuchara de madera hasta ver que se cuaje y haga burbujas. Agregar las pasitas. Retirar de la hornilla, y esperar unos treinta minutos, cuando ya debería tener el espesor adecuado para elaborar el relleno de la polenta. Rectificar sabores y añadir si hiciere falta algo de condimento.

Para hacer la masa, poner en la licuadora los huevos y la leche con el caldo. A esta mezcla se le agregan los demás ingredientes de la masa. Mezclar evitando que se formen grumos. Ayudarse con cuchara y luego con las manos hasta que se vea compacta. Dejar reposar la mezcla tapada con un paño por una media hora. Tomar unas seis cucharadas de esta masa para cuajar el guiso que se está preparando.

Engrasar un recipiente con mantequilla (preferible rectangular). Poner papel encerado en el fondo, lo cual ayuda para poder sacar el pastel al estar listo. Colocar una parte de la masa en la parte inferior del recipiente donde se ha puesto el papel. Cubrir los lados cuidadosamente para lograr que todo esté bien armado. Se agrega el guiso y el queso revolviendo hasta que ambos ingredientes se integren. Tomar la otra parte de la masa y tapamos la parte superior de nuestra polenta, apretando con las manos los bordes firmemente.

Llevamos al horno precalentado a 350°F, por 45 minutos.

Probar con un cuchillo antes de sacar del horno para asegurarnos de que esté cocido. Si el cuchillo sale limpio, ya se puede retirar del horno.

Postres

Quesillo de Vilda

8 porciones
1 hora

Ingredientes

1 lata de leche condensada
3 huevos
1½ tazas de leche completa
1 taza de azúcar
1 cucharadita de vainilla
1 cucharada de ron

Preparación

En el envase donde se cocinará el quesillo, se echan seis cucharadas de azúcar y una cucharada de agua, para hacer el caramelo. Se calienta a fuego alto hasta que se vea dorado. Se agarra el recipiente con cuidado, dándole vueltas y moviéndolo para cubrir todo el fondo y los lados del envase con el caramelo.

Colocar la leche condensada, los huevos, la leche completa con la vainilla y el ron en un recipiente y batirlo a mano usando un tenedor o batidor de alambre. Mezclar hasta que todos los ingredientes estén unidos totalmente. Agregar esta mezcla a la quesillera, la cual ya tendrá el caramelo endurecido. Poner la tapa no muy apretada para que sea fácil de quitar una vez listo. Cocinar en baño de María en una olla apropiada, por 45 minutos a fuego mediano.

Pasado ese tiempo hacer la prueba del cuchillo. Si el cuchillo sale manchado de la mezcla, mantenerlo un rato más en el fuego, pero si sale limpio, el quesillo estará listo.

Quitar de la hornilla, dejar que se enfríe y se endurezca. Voltear con un plato, y llevar a la nevera.

Arroz con leche estilo Vilda

6 porciones
1 hora

Ingredientes

1 taza de arroz
1 litro de leche
1 taza de leche de coco
3 tazas de agua
1 lata de leche condensada
½ cucharadita de sal
1 cucharadita de vainilla
1 palito de canela
3 cucharadas de azúcar

Preparación

Lavar el arroz y colar en colador de alambre. Llevar las tres tazas de el agua a un hervor. Echar el arroz y cocinar a fuego moderado por quince minutos hasta lograr que el grano esté cocido. Se le agrega la leche, sal, canela, y se sigue cocinando destapado a fuego moderado, por veinte minutos. Incorporar la leche de coco, revolviendo con una cuchara de madera. Poner la leche condensada y el azúcar. Seguir removiendo para cocinar a fuego bajo por veinticinco minutos, hasta lograr que se sienta bastante cremoso.

Apartar del fuego, dejar enfriar y pasarlo a un envase de vidrio, espolvorear con canela y llevar a la nevera.

Es un postre delicioso.

Bienmesabe

6-8 porciones
30 minutos

Ingredientes

Una torta de bizcocho, hecha en casa o comprada
3½ tazas de leche de coco
18 yemas de huevo
3½ tazas de azúcar
4 cucharadas de ron
4 cucharadas de agua
1 taza de agua

Preparación

En una olla colocar la taza de agua y el azúcar, y cocinar a fuego alto, por cinco minutos sin revolver hasta lograr que se haga un melado. Se retira del fuego para agregar la leche de coco y las yemas de huevo, revolviendo con cuchara de madera para obtener una crema, y reservar.
Se enciende de nuevo el fuego, esta vez bajo, hasta hacer burbujas por los lados. Retirar del fuego y dejar enfriar un poco.

Cortar el bizcocho en trozos no muy grandes, de uno o dos centímetros de espesor, y reservar.

En un envase de cristal hondo en el que quepa el bienmesabe, poner la crema de coco en el fondo, luego seguir con el bizcocho que se va regando con la mezcla de agua y ron. Se cubre con la crema, y así sucesivamente, hasta la última capa de crema. Espolvoreamos con canela molida. Dejar enfriar y llevar a la nevera.

Nota: Al elaborar este dulce, si se va a ofrecer a niños o personas que no pueden tomar licor, se recomienda agregar el ron al momento de poner la leche de coco y las yemas de huevo, ya que, al hervir el contenido, se evapora el licor, aunque su sabor se mantiene. Por lo tanto, no hay posibilidad de que persista el alcohol, y así todos puedan disfrutar de este postre. De lo contrario, si se elabora el postre con el ron y el agua, al final de su cubierta, como es la receta original, el alcohol se mantiene, y no sería apto para niños y aquellos que no puedan ingerir licor.

Bizcocho

6-8 porciones
50 minutos

Ingredientes

1 cucharada de mantequilla para engrasar el molde
10 huevos
1½ tazas de azúcar
¼ cucharadita de ralladura de limón
½ cucharadita de sal
15 gotas de esencia de vainilla
300 gramos de harina de trigo

Preparación

Enmantequillar un molde de 28x12x7 centímetros, espolvorear con harina y sacudir.

Con una batidora eléctrica, batir los huevos, la ralladura de limón, la sal y el azúcar por siete minutos. Se agrega vainilla, y se sigue batiendo por siete minutos más.

En el mismo envase, agregar poco a poco la harina de trigo removiendo con espátula de goma, hasta lograr que todo se mezcle. Esta mezcla se pone en el molde y se introduce en el horno precalentado a 350°F, por cuarenta minutos, hasta que se vea dorado. Probar con cuchillo fino, si este sale seco, ya está listo el bizcocho. Sacar del horno y dejar enfriar, para sacar del envase.

Buñuelos de yuca

12 porciones
1 hora y 20 minutos

Ingredientes

1½ kg de yuca pelada
½ taza de queso duro rallado
1 huevo
1 cucharada de sal
1½ litros de agua

Preparación

Cocinar la yuca en agua hirviendo con sal, tapada, por una hora o hasta que esté blanda. Bajar del fuego, colar y quitar las venas que tienen en el centro. Batir en batidora eléctrica para lograr un puré con el huevo y queso.

En un caldero suficiente hondo, con aceite y a fuego alto, ir poniendo una porción del puré con una cuchara grande, e ir friendo los buñuelos, uno a uno, que deben dorarse un poco. Tratar de no poner muchos para que no se peguen. Ayudarse con tenedor o cuchara que tenga ranuras y así sea más fácil la fritura.

Llevar a una bandeja con papel absorbente para eliminar la grasa. Poner en platitos individuales con el melado de la panela por encima.

También se pueden hacer los buñuelos con apio, ocumo o zanahoria. Se elaboran siguiendo el mismo procedimiento.

Melao

1 panela de papelón, cortada en pedazos, cuatro clavitos de olor y dos tazas de agua.

Cocinar a fuego alto por veinte minutos. Quitar del fuego y colar en colador de alambre para eliminar los clavos. Poner aparte para cubrir los buñuelos.

Crema pastelera con plantillas y vino

6 porciones
30 minutos

Ingredientes

1 paquete de plantillas
2 tazas de vino rosado
1 cucharadita de canela molida
Guindas

Ingredientes para la crema pastelera

5 yemas de huevo
3 tazas de leche
1 taza de azúcar
55 gramos de maicena
1 cucharadita de corteza de limón o naranja
½ cucharadita de sal
1 cucharada de mantequilla
½ cucharadita de vainilla

Preparación

Para hacer la crema pastelera, mezclar todos los ingredientes, excepto la vainilla y la mantequilla, batiendo con batidor de alambre. Cocinar a fuego lento, revolviendo hasta comprobar que ha engrosado y levante.

Separar del fuego, y agregar la mantequilla y vainilla. Revolver.

En un envase de cristal y apropiado para llevar a la mesa, se elabora el postre de la manera siguiente: cada plantilla se humedece en vino rosado poniéndola en el fondo del envase. Se cubre esa primera capa con la crema pastelera. Continuar haciendo capas con las plantillas y la crema, hasta terminar con la crema pastelera. Rociar la canela por encima. Adornar con guindas y llevar a la nevera.

Llevar a la mesa este bonito y sabroso postre.

Dulces de ciruelas pasas sin semillas

6 porciones
1 hora y 15 minutos

Ingredientes

½ kg de ciruelas pasas sin semillas
1 litro de agua
2 tazas de azúcar

Preparación

Remojar las ciruelas en el agua y azúcar por una hora. Pasado ese tiempo, llevar a una olla con el agua. Esperar que hierva, a fuego alto, destapado por 45 minutos hasta lograr que el líquido forme un almíbar espeso.

Retirar del fuego y dejar enfriar para llevar a la nevera, en un envase de vidrio.

Dulce de guayaba (cascos)

6 porciones
1 hora y 50 minutos

Ingredientes

2 kg de guayabas rosadas por dentro
8 tazas de agua
5 tazas de azúcar

Preparación

Cortar las guayabas en mitades, desechar las semillas. Todo lo que llevan en su interior se pone a hervir en una olla con dos tazas de agua, a fuego alto, por media hora. Colamos en colador de alambre.

Agregar a la olla con el resto del agua y la taza de azúcar, y cocinar por veinte minutos. Se agrega el resto del azúcar. Se baja el fuego a moderado por una hora y media, destapado, hasta que se ha hecho el melado. Si hubiere espuma, se quita totalmente. Se retira de la llama y se deja enfriar para guardar en nevera.

Son muy ricas con queso crema.

Dulce de lechosa

8 porciones
2 horas y 40 minutos + 1 día

Ingredientes

1 lechosa mediana, verde o pintona
½ cucharadita de bicarbonato
3 tazas de azúcar
1½ litros de agua
6 clavos de olor
1 pedacito de canela
1 limón

Preparación

Pelar la lechosa y quitar completamente la concha y semillas. Rebanar en lonjas alargadas de un centímetro de espesor. Lavar y remojar por una hora con bicarbonato y limón. Botar el agua y lavar de nuevo.

Llevar a una bandeja plana, y dejar afuera en la noche y parte de la mañana al sol por una hora. Poner a hervir el agua, agregar azúcar, clavos y la lechosa que mantuvimos fuera. Hervir por diez minutos. Tapar y seguir cocinando por dos horas a fuego bajo, y luego subir la llama por media hora más, esta vez destapada, hasta que se haga un almíbar. Revolver constantemente con cuchara de madera, eliminando la espuma que suelte. Al estar lista, quitar de la hornilla y dejar que se enfríe. Sacarle los clavos y la canela, y llevar a la nevera en frasco de vidrio con tapa.

En Venezuela, se acostumbra celebrar un triunfo con un dulce de lechosa, y se ofrece como postre en Navidad.

Duraznos en almíbar

6 porciones
3 horas y 15 minutos

Ingredientes

2 kg de duraznos amarillos
2 litros de agua
1 kg de azúcar
4 clavos de olor

Preparación

En una olla poner a hervir agua, agregar los duraznos bien lavados y con su piel, agregar azúcar y cocinar, a fuego alto, por quince minutos. Se baja el fuego y se cocina por unas tres horas, destapado. Revisar durante ese tiempo para eliminar la espuma.

Si tiene mucho líquido y no ha cuajado el melado, seguir con la cocción hasta que espese. La piel de los duraznos debe quedar muy suave. Apagar, dejar enfriar y luego llevar a la nevera.

Consejos útiles
• También se pueden pelar los duraznos, esto es opcional.
• Si se tiene albaricoque, se cocina de forma parecida, pero se debe eliminar la semilla y picar por la mitad. Su cocción es más rápida, solo una hora y media.
• Es una receta sencilla, pero requiere de mucha paciencia.

Jalea de mango

10 porciones
2 hora y 30 minutos

Ingredientes

10 mangos verdes con su piel
2 tazas de papelón o panela, azúcar morena o blanca.
2 cucharadas de limón

Preparación

Lavar los mangos con su piel y sancocharlos en suficiente agua, que los cubra, por dos horas. Sacar del agua, y esperar a que se enfríen para quitar la piel. Con una cuchara separar la pulpa de la semilla, y hacer un puré para elaborar la jalea.

En la misma olla, poner dos tazas y media de agua y hervir el papelón rallado y el limón por quince minutos. Agregar el puré de mango a fuego alto, revolviendo constantemente con cuchara de madera hasta que haga burbujas y empiece a subir. Apagar cuando se pueda comprobar el cuajado. Unos quince minutos, o posiblemente un poco más.

Dejar que se enfríe, y pasar a un envase de cristal. Llevar a la nevera.

Natilla

6 porciones
20 minutos

Ingredientes

4 tazas de leche
1 taza de azúcar
¼ cucharadita de vainilla
1 cucharadita de nuez moscada
4 yemas de huevo
1 conchita de limón
2 cucharadas de maicena
Pizca de sal

Preparación

Batir todos los ingredientes y llevar a una olla a fuego moderado, hasta lograr una crema que haga burbujas y levante. Revolver todo el tiempo con una cuchara de madera. Quitar de inmediato de la hornilla para esperar que se enfríe y llevar a la nevera.

Plátanos sudados en azúcar y miel

8 porciones
40 minutos

Ingredientes

2 plátanos bien maduros
2 cucharadas de azúcar morena
2 cucharadas de leche o agua
1 cucharada de mantequilla
1 cucharadita de aceite

Preparación

Cortar cada plátano en cuatro partes. Eliminar la concha. Llevar a una olla o caldero, la mantequilla y aceite. Sofreír los trozos de plátano por ambos lados, a fuego moderado hasta que queden dorados. Agregar dos cucharadas de agua o leche y azúcar. Tapar y cocinar a fuego muy bajo, por media hora o cuando se vean hinchados y cocidos. Bajar de la llama, y agregar miel a todos los trozos, sin excederse. Se disfrutan calientes, como acompañantes de comidas.

Torta casera estilo quesillo

8 porciones
2 horas y 8 minutos

Ingredientes

½ kg de pan (no muy nuevo, duro tipo canilla, o puede ser pan cuadrado sin el borde)
3 tazas de leche
1 lata de leche condensada
½ taza de azúcar para el caramelo
1 lata pequeña de ensalada de frutas
2 cucharadas de ron

1 cucharadita de nuez moscada
¼ de taza de pasas
4 huevos
1 cucharadita de polvo de hornear
½ cucharadita de vainilla
6 cucharadas de azúcar para el quesillo

Preparación

Raspar un poco la concha del pan de canilla. Cortar en pedazos, poniéndolo a remojar en la leche para que se ablande por media hora. Agregar los ingredientes restantes, y batir con tenedor o batidor manual para integrar todo el contenido. Reservar.

Para hacer el caramelo se echa la media taza de azúcar en el molde de aluminio donde se cocinará el quesillo, con media taza de agua a fuego alto, de seis a ocho minutos, moviendo el envase a medida que se vaya cocinando y se ponga dorado. Retirar de la llama. Mover el caramelo e ir cubriendo los bordes, que a su vez, cubrirán ciertas partes del pastel.

Rellenar el envase con el batido que se tiene en reserva, dejando espacio para cuando levante, unos dos centímetros y medio. Agregar el contenido de la lata de frutas y revolver. Poner una cucharadita de mantequilla en el centro de nuestro quesillo y llevar a una olla apropiada para cocinar a baño de María. Tapar y cocinar por una hora y media. La tapa del quesillo debe mantenerse algo floja, para poder quitarla fácilmente. Si la cocción se hace en la llama de la cocina, la hornilla debe ser más grande que el envase, con agua suficiente y a fuego alto. Después de pocos minutos, bajar el fuego, y seguir cocinando a fuego bajo. En cambio, si se hace al horno, se utiliza el mismo procedimiento de baño de María. Precalentar el horno a 350°F, e introducir el envase del pastel también tapado, por una hora y media. Para probar la cocción, introducir la punta de un cuchillo, si este sale limpio, ya está cocido; de lo contrario hay que seguir cocinándolo un tiempo más.

Dejar que se enfríe después de sacar del horno, para poder sacarlo del molde.

Torta de auyama y zanahoria

8 porciones
1 hora

Ingredientes

½ kg de auyama sin la corteza
½ kg de zanahoria sin su piel
4 tazas de agua
1 cucharadita de sal
1 cucharada de mantequilla
3 huevos
1 taza de queso duro rallado
1 cucharada de pan rallado
½ taza de azúcar morena
½ taza de leche
2 cucharadas de polvo de hornear

Ingredientes para el melao

½ panela de papelón en trozos
2 trozos de canela en rama
1 taza de agua

Preparación

En una olla, hervir agua con sal, agregar la zanahoria y la auyama. Cocinar tapado por media hora. Sacar de la olla y escurrir para hacer un puré con un tenedor.

Luego, llevar a una batidora eléctrica los huevos, el queso rallado, el pan rallado, el polvo de hornear, el azucar y la leche. Añadir el puré de zanahoria y auyama y batir por unos diez minutos.

Engrasar un molde de unos veinticinco centímetros de diámetro por siete de alto, con mantequilla. Mientras se prepara el horneado, se elabora el melao con la panela a fuego alto, con la canela y la taza de agua por unos diez minutos. Bajar del fuego y esperar que la torta esté lista para cubrirla con el melado, al que se le elimina la canela.

Precalentar el horno a 350°F. Se vierte en el envase todo el contenido. Hornear por treinta minutos. Subir la temperatura a 400°F, y cocinar por treinta minutos más. Probar la cocción con un cuchillo. Si está lista, sacar del horno. Esperar unos minutos en reposo, para poner en una bandeja.

Torta de sabores

8 porciones
15 minutos

Ingredientes

Hacer un bizcocho casero o usar uno comprado
Una natilla hecha con anterioridad (receta en la sección de Postres)
Un dulce de ciruela hecho con anterioridad (receta en la sección de Postres)

Preparación

Cortar el bizcocho en lonjas de unos dos centímetros. En un envase transparente y hondo, colocar primero natilla, luego los trozos de bizcocho y continuar con el dulce de ciruela. Seguir sucesivamente hasta terminar con natilla. Regar por encima canela en polvo algo moderada. Procurar, tener suficiente natilla para que la torta quede suficientemente cubierta. Llevar a la nevera.

Bebidas

Bebida para un desayuno especial - Pato Frío

8 porciones
5 minutos

Ingredientes

1 botella de champán
1 botella de vino blanco
200 gr de fresas congeladas con azúcar

Preparación

En una jarra de cristal, agregar la champaña, el vino y las fresas bien trituradas. Revolver muy bien y servir en copas tipo flauta.

Es ideal para una celebración de domingo con un desayuno especial.

Bebida de papelón

8 porciones
15 minutos

Ingredientes

1 papelón o 2 panelas
8 limones
Un trozo no grande de jengibre (5 centímetros)
½ cucharadita de ralladura de limón
2 litros de agua

Preparación

En una jarra grande de dos litros, agregar el agua con todos los ingredientes. Lavar previamente con agua, las panelas o el papelón. Picar en trozos para que se disuelvan. Llevar a la nevera.

Revolver todo el contenido, y colar para servir con trozos de hielo, dejando al fondo de la jarra el jengibre, al cual se le puede seguir agregando agua, limón y más panela. Mantener en la nevera hasta por una semana sin problema.

Al comprar el papelón y panelas, hay que comprobar que sean de buena calidad. Las panelas más claras y un poco rojizas siempre son mejores. Eso va también con el papelón. Esta bebida, además de refrescante, tiene gran contenido de vitamina C.

Bebida que revitaliza

1 porción
15 minutos

Ingredientes

1 zanahoria pequeña rallada
½ pepino muy verde, picado con su piel
1 tallo de célery cortado en trozos
1 trozo pequeño de jengibre cortado menudo
½ taza de piña cortadita
1 pedazo de lechosa
1 cucharadita de cúrcuma
1 cucharada de aceite de coco o leche de coco
1 cucharada de miel
Edulcorante al gusto
½ vaso de leche de almendra, soya o leche de vaca descremada
½ vaso de jugo de alguna fruta preferida

Preparación

Llevar a la licuadora o procesador todos los ingredientes. Licuar hasta lograr una consistencia bien diluida. Agregar trozos de hielo y licuar nuevamente.

Llevar a un vaso y tomar en la mañana sin ninguna comida, antes del desayuno.

Si no tiene alguna de las frutas o vegetales, se pueden utilizar las que tenga en casa, pero que no falte la cúrcuma. Esta es una bebida muy saludable y altamente recomendada.

Chicha de arroz

6 porciones
30 minutos

Ingredientes

1 taza de arroz
8 tazas de agua
1 lata de leche condensada
1 taza de leche evaporada
½ cucharadita de esencia de vainilla
2 cucharadas de azúcar
Canela en polvo al gusto

Preparación

Lavar y colar el arroz en colador de alambre. Remojar en dos tazas de agua, tapado, por veinticuatro horas. Pasado ese tiempo, escurrir y llevar a una olla, esta vez con ocho tazas de agua. Hervir y cocinar por media hora a fuego moderado. Apagar cuando el arroz esté muy blando, y licuar con las leches y esencia de vainilla. Luego llevar a la nevera.

Se sirve con hielo y canela en polvo. Si se quiere, también queda rico con un poco de leche condensada.

¡Buen Provecho!

Índice

1 **Sopas y Cremas**

Sancocho de gallina cruzado — 10
Chupe de camarones — 12
Chupe de gallina — 14
Consomé — 16
Crema de auyama o calabaza — 17
Crema de calabacín y brócoli — 18
Crema de champiñones — 20
Crema de espárragos — 21
Crema de espinacas — 22
Crema de jojoto (maíz tierno) — 23
Mondongo — 24
Pisca andina — 26
Sancocho de pescado — 27
Sopa de arvejas — 29
Sopa de cebolla — 30
Sopa de garbanzos con chuleta de cochino — 31
Sopa de caraotas blancas con acelgas — 32
Sopa de guacuco o almejas — 33
Sopa minestrone — 34
Sopa de pollo con fideos — 35
Sopa de tomate — 36
Sopa de vegetales color naranja — 37
Sopa primaveral — 38

2 **Vegetales, Tubérculos y Cereales**

Caraotas negras — 42
Antipasto con atún — 43
Berenjenas rellenas con carne — 44
Brócoli al vapor — 45
Calabacines rellenos con carne — 46
Coliflor gratinada — 47
Dip de berenjenas — 48
Dip de garbanzos — 49
Frijoles blancos con punto negro — 50
Frijoles negros o rojos con carne molida — 51
Lentejas — 52
Papas con tomillo y romero — 53
Papas colombianas — 54
Papas con caviar — 55
Papas con crema al horno — 56

Pimentones rellenos — 57
Pira de berenjenas — 58
Tomates rellenos con atún — 59

3 Platos a Base de Huevo

Perico criollo — 62
Berenjenas pasadas por huevo y mozzarella — 63
Huevos para desayuno — 64
Soufflé de queso a la francesa — 65
Tortilla española — 66
Tortilla — 67
Tostadas francesas — 68

4 Ensaladas

Ensalada de colores — 72
Ensalada de repollo y zanahoria — 73
Ensalada César — 74
Ensalada de atún — 75
Ensalada de coditos con célery — 76
Ensalada de espinacas con arúgula y naranja — 77
Ensalada de gallina — 78
Ensalada de judías — 80
Ensalada de lechosa verde — 81
Ensalada de pimentones de colores — 82
Ensalada de pollo — 83
Ensalada de remolacha — 84
Ensalada diplomática — 85
Ensalada verde — 86
Pico de gallo — 87

5 Carnes

Asado negro (criollo) — 91
Bistec de hígado de res — 93
Bistec a caballo — 94
Bistec encebollado con champiñones — 95
Carne a la jardinera — 96
Carne de res con vegetales — 97
Carne de res en tiras — 98
Carne mechada — 99
Filet mignon — 101
Gulash a lo venezolano — 102
Lengua en salsa — 103
Lomito al stroganoff — 104
Muchacho cuadrado de res frío — 105

Rosbif de carne de res y champiñones (opcional) — 107
Solomo de cuerito a la plancha o parrilla — 109
Albóndigas de carne de res y cochino — 110

Puerco

Chuletas de cochino (puerco) — 112
Lomo de cochino (puerco) relleno — 113
Lomo de cochino horneado — 115
Pernil de cochino (cerdo) — 117

Aves

Muslos de pavo al horno — 120
Pavo para navidad — 121
Relleno del pavo — 124
Pechuga de pavo con uvas y champaña — 125
Higaditos de pollo — 127
Milanesas de pollo o carne — 128
Pastel de pollo #1 — 129
Pastel de pollo #2 — 131
Pollo al curry con leche de coco — 133
Pollo al estragón — 134
Pollo con champiñones — 135
Pollo con melocotones — 136
Pollo con pimentones de colores — 137
Pollo con vegetales — 138
Pollo desmenuzado — 139
Pollo entero al horno — 140
Pollo horneado con papas y batata — 141
Pollo sudado con salsa de tomate — 142

6 Pescados y Mariscos

Langostinos al curry — 146
Salmón con hierbas aromáticas — 147
Atún en escabeche — 148
Bacalao salado en mojito — 149
Calamares en su tinta — 151
Calamares fritos — 152
Camarones al ajillo — 153
Ceviche — 154
Crepes de mariscos — 155
Filete de merluza rebosado — 157
Filete de mero — 158
Langostinos con ciruelas — 159

	Pastel de atún	160
	Róbalo con crema de jojoto (maíz)	161
	Ruedas de catire en escabeche	162
	Salmón estilo asiático	163
	Salpicón de mariscos	164
	Sardinas fritas	166

7 Salsa y Vinagretas

Vinagreta a la Arlene	170
Aceite onotado	171
Guacamole	172
Guasacaca #1	173
Guasacaca #2	174
Guasacaca #3	175
Guasacaca roja	176
Salsa bernaise	177
Salsa blanca o bechamel	178
Salsa de tomates	179
Salsa holandesa	180
Salsa mayonesa	181
Salsa rosada	182

8 Arroz

Paella estilo venezolano	186
Arroz a la cubana	188
Arroz amarillo	189
Arroz blanco	190
Arroz blanco con champiñones	191
Arroz blanco con mariscos	192
Arroz con pollo	193
Arroz con vegetales	194
Arroz estilo asiático	195
Arroz verde	196
Asopado de camarones	197

9 Pastas

Pasticho o lasaña	200
Canelones rellenos con pollo	202
Canelones rellenos con tres quesos	204
Espagueti a la boloñesa	205
Espagueti al vongole (guacuco)	206
Espagueti en crema de leche	207

Espagueti con salsa pesto — 208
Espagueti en salsa de anchoas — 209
Espagueti en salsa de calamares — 210
Pasta con salsa estragón y pollo — 212
Pasta corta de milanesa de pollo o carne — 213
Pasticho de berenjenas — 214
Salsa de pollo para pasta — 216

10 La Masa de Maíz

Arepas y empanadas — 220
Cachapas — 224
Hallacas — 225
Hallaquitas de chicharrón — 231
Polenta — 232

11 Postres

Quesillo de Vilda — 236
Arroz con leche estilo Vilda — 237
Bienmesabe — 238
Bizcocho — 239
Bueñuelos de yuca — 240
Crema pastelera con plantillas y vino — 241
Dulces de ciruelas pasas sin semillas — 242
Dulce de guayaba (cascos) — 243
Dulce de lechosa — 244
Duraznos en almíbar — 245
Jalea de mango — 246
Natilla — 247
Plátanos sudados en azúcar y miel — 248
Torta casera estilo quesillo — 249
Torta de auyama y zanahoria — 250
Torta de sabores — 251

12 Bebidas

Bebida para un desayuno especial-Pato Frío — 254
Bebida de papelón — 255
Bebida que revitaliza — 256
Chicha de arroz — 257